みんなの お弁当暮らし日記

こんなの食べたい！
作ってあげたい！

はじめに

旦那さんや子どものために。自分の身体や家計を大切にするために。

本書は、おいしそうなお弁当写真と暮らしのスタイルで大人気のインスタグラマーさん、ブロガーさん24人による、お弁当写真日記です。

彩り豊かなカラフル弁当。ボリュームたっぷり弁当。センス良すぎのおしゃれ弁当。男性が作るわっぱお弁当。海外で作られているお弁当。驚きのシンプル弁当……etc. 個性豊かなお弁当がたくさん。そして、添えられた短い日記とともに、その人なりの暮らしの様子がかいま見えるのも楽しく、親しみを覚えてしまいます。

卵焼きひとつとっても、人それぞれ。また、見栄えがする食材使いや、盛り付けアイデアなども、とても参考になります。そして、今やブームとなっている、作りおき常備菜を活用したお弁当も多数掲載させてもらいました。

さまざまな暮らしの中で、日々作り続けられるお弁当。
心とおなかを満たしてくれそうな、真似したいお弁当がきっと見つかるはずです。

CONTENTS 目次

01 takakoさん (@ya.takaco.ba)
TAKAKO
008
彩り豊かなおかずをモリモリに詰めて華やかに。

02 dayさん (@__d.a.y)
DAY
016
節約と時短をしながら、シンプル・丁寧なお弁当。

03 わたをさん (@n.watao)
WATAO
024
自分の食べたいものをもりもりに。

04 めぐさん (@merimerimeg)
MEGU
032
雰囲気を変えるためにいろんなお弁当箱を活用♪

05 enさん (@en.ym1021)
EN
038
高校生の娘用、野菜中心の手作り地味弁当。

06 ひろさん (@hiro71111)
HIRO
044
おいしく食べて元気になれる、頑張りすぎないお弁当。

CONTENTS
004

07 yunaさん(@yuna921)
YUNA
050
できるだけたくさん野菜がとれるように♪

08 mikiさん(@mikishi7283)
MIKI
056
家族の健康のために。野菜や魚を食べやすく。

09 嶋田佐知子さん(@shimada_sachiko)
SHIMADA SACHIKO
062
お弁当作りは「遊びのこころ」をもって。

10 りえべんさん(@rieshealthycooking)
RIEBEN
068
北欧の寒さに負けない!ヘルシーで楽しいお弁当。

11 渡邊優輝さん(@Yuukitohikari)
YUUKI WATANABE
074
ムリなくゆるーく。作れるときは愛情たっぷりで。

12 りえさん(@riesola_02)
RIE
080
夫の反応を日々楽しみに作っています。

13 のぞみさん (@noyonsoyon)
NOYONSOYON
088
家族みんなが楽しく食べられるボリューム弁当。

14 hirokoさん (@hiropon0201)
HIROKO
094
息子がお弁当の蓋を開けたときの顔を想像しながら作っています♪

15 Asanyanさん (@asanyan617)
ASANYAN
100
自分弁当だからといって、適当にしてしまわないのがモットー。

16 やまおやじさん
YAMAOYAJI
106
連れ合いのために作る弁当です。毎日違う卵焼き入り。

17 愛猫はポチさん (@poti1974)
POTI1974
112
お弁当作りに悩む奥様方に愛と勇気と感動を！

18 まりもさん (@marimo221)
MARIMO
118
毎日、頑張れ！の気持ちを込めて。夫と息子たちのお弁当作り。

CONTENTS
006

19 itsukiさん
(@itsu72)
ITSUKI

毎日3個、長期休みは5個のお弁当を作っています。

124

20 のんさん
(@non_la_non)
NON

手作りおかずの「滋味弁」で心まで豊かに。

130

21 まつぼっくりんのお弁当集さん
(@chiku2tree)
CHIKU2TREE

季節感や思い付きで(笑)キャラ弁作りを楽しんでいます★

136

22 加藤 めぐみさん
(@megumi.0629)
MEGUMI KATO

空っぽのお弁当箱を見せてくれるのが幸せです♪

142

23 Norikoさん
(@nori_nori_ko)
NORIKO

子どもの食べたいものと、母として食べさせたいものの攻防戦。

146

24 めぐさん
(@mgmgky)
MEGU

双子の息子と娘、たまに夫のために。若葉マークオベンターです。

152

CONTENTS
007

01

お弁当作りを開始する時間	お弁当作りにかかる時間
7時	30分

takakoさん
(@ya.takaco.ba)

TAKAKO

➡ Instagram「@ya.takaco.ba」

> 彩り豊かな
> おかずを
> モリモリに詰めて
> 華やかに。

名古屋在住の主婦です。ただいま三歳子育て中、2017年1月に第二子出産予定。作りおき料理やお弁当、うちごはん、手作りおやつなど日々の食事写真をインスタグラムに投稿しています。お弁当は開けて嬉しくなるよう、彩り豊かに。小さな世界にギュッと詰め込まれたお弁当が好きなので、少しくらいハミ出るのも気にしないモリモリ弁当を作ります。

▶ ご家族構成
夫、自分、長男3歳、長女0歳（2017年1月出産予定）

▶ お弁当へのこだわりを教えてください。
開けて嬉しくなるような、華やかで彩り豊かなお弁当になるように。また、できるだけ毎日変化を付け、違うタイプの弁当になるように工夫しています。

▶ 自分の作るお弁当の良いところを教えてください。
週に一度している作り置き料理のおかげで品数豊富。

▶ 今後チャレンジしたいことがあれば教えてください。
好き嫌いが多い息子（幼稚園児）も喜ぶ、かわいらしくて栄養もあるお弁当を作れるようになりたいです。

▶ 2016/02/26
油淋鶏と鶏そぼろ弁当

 春

鶏そぼろ、油淋鶏、甘とうがらし塩炒め、かぼちゃとクリームチーズのサラダ、ひじき煮、カニカマと大葉入り卵焼き、チーズちくわ、オクラちくわ、塩茹でにんじんとブロッコリー、ラディッシュ甘酢漬け

鶏そぼろの下にも、油淋鶏の下にもごはん。鶏×鶏のガッツリ弁当♪　料理ブロガー・山本ゆりさんのブログで読んだ「揚げ焼き」のやり方が最高に便利で、揚げ物率大幅アップ中の我が家。ペーパータオルを蓋代わりにすると油が飛び散らない。というのが特に感動的！（※紙に引火しないように注意してください）　揚げ油は、ちょっとだけ健康に気を使って、グレープシードオイルを愛用中。

▶ 2016/03/14　厚焼き卵サンド弁当

厚焼き卵サンド、アスパラ豚巻き、ミニトマト、紫キャベツマリネ

銅製の卵焼き器を購入。卵焼きには熱伝導の良い銅製のものが良いらしい。今まではテフロンがはげたような卵焼き器でどーにかこーにか焼いてたので、やっと買えて嬉しい。長く大切に使おう。あとやっぱり要練習。卵焼きって難しい！シンプルな厚焼き卵のサンドイッチ。卵2個に、牛乳小さじ1、塩少々、砂糖小さじ1を入れて甘口に。パンは食パンで、ケチャップとマヨネーズを合わせたオーロラソースを塗ってあります。

▶ 2016/04/04　おにぎりいろいろ行楽弁当

おにぎり4種／鮭＆マヨネーズ、ベーコン＆チーズごま油風味、たぬき（天かす、麺つゆ、ねぎ）、おかか＆チーズ
おかず／ねぎダレ唐揚げ、甘酢肉団子、卵焼き、ケチャマヨスパゲティ、フルーツ、にんじん、ブロッコリー、ミニトマト、ラディッシュの甘酢漬け

昨日はお友達一家と、近場の公園に夜桜見物。お弁当作りも一緒にしました♪ お弁当作りの間中、友人家の長男くんと遊びまくり、ハシャギまくりだった息子は花見の間中、爆睡（笑）。こちらはおしゃべり三昧でした。
お弁当を詰めるとき気をつけてるのは、①同じ色味のおかずは隣り合わせにしない　②隣り合うときは仕切りにレタスや大葉を入れる　③最後に彩り要員のミニトマトや漬け物をバランスを見ながらところどころに配置。でも大体は感覚でテキトーに♪

01:TAKAHO（@YA.TAKACO.BA）

▶ 2016/04/26　3色オイルおにぎりのお弁当

オイルおにぎり／黄（たくあん、しらす、ごま油）、緑（青しその実、しらす、ごま油）、茶（天かす、紅しょうが、めんつゆ）、ジョンソンヴィルソーセージ、卵焼き、刻み昆布煮

おかずの貧相さをカバーする、おにぎり弁当。おにぎりってそれだけでひとつのメニューですよね（←手抜きの言い訳）。たくあん入りおにぎりのレシピは、尊敬する@merimerimegさんより。最近流行りの油を少し混ぜる「オイルおにぎり」がおいしい！
私はおにぎりを作るとき、ご飯をいちいち量ってます。めんどくさーっ！って思うかもしれないけど、目分量で作るよりも仕上がりがキレイだし意外とスピーディだと思う。ちなみにうちの場合1コの量はごはん60ｇ。ラップに分けて形を整えてます。

▶ 2016/05/18　お弁当に欠かせない彩りアイテム

私のお弁当に欠かせない彩りアイテムたち。これらに助けられてます。
①ミニトマト。②笹の葉。ネットで100枚1000円くらいで購入して冷凍保存。③ししとう。素揚げか塩焼きで。④れんこん。花れんこんにしたり、丸のままでも。素揚げが多い。買うときは形の整ったのを選びます。⑤ふりかけ「五色のはなむすび」。⑥飾り切りラディッシュ。そんなに難しくないけど、あるとプロっぽい（笑）。⑦五色あられ（ぶぶあられ）。⑧白ごま、黒ごま。薄い色の料理には黒ごま、濃い色には白ごま。かけると写真がグッとよくなります。⑨たくあん等の漬け物。⑩ラディッシュ甘酢漬け。なくなるとコストコで売ってる大袋を買ってきて、ドッサリ漬けてます。⑪花にんじんと花ブロッコリー。型抜きするだけでもかわいいけど、中心に向かって切り込みを入れるとよりかわいい。真ん中のはぶぶあられ。穴はストローで開けてます。⑫ピック。和雑貨屋さんや100均で購入。最終兵器的な感じ（笑）。⑬フリルレタス。

▶ 2016/05/19 ミートボール、タコさんウィンナーで遠足弁当

ミートボール、タコさんウィンナー、ひじき煮、ポテトサラダ、かぼちゃサラダ、卵焼き、紫キャベツマリネ、にんじんグラッセ

今日は幼稚園の遠足です。いつもと変わりばえしないお弁当ですが、息子の持ってる『おべんとう』という題名の絵本と同じメニューにしました。ポイントはタコさんウィンナー（笑）。幼稚園行事は初めてなので楽しみ☆　親子遠足なので、旦那なんてめったにない休みを使って一緒に行きました（笑）。

▶ 2016/06/03 お弁当箱いろいろ

お弁当箱いろいろ。この中から、日々の気分で選んでいます。①アルミ弁当箱『THE LUNCH BOX』。息子用（1,800円くらい）②白木のくり抜き弁当箱。和雑貨屋さんで購入（2,500円くらい）。③アタ製品の小物入れだけどお弁当箱としても。ワックスペーパーを敷いて。（2,500円くらい）④使い捨てお弁当箱は通販サイト「LOHACO」の「未晒し麦モールド フードパック」。（25枚500円くらい）　ワックスペーパーは100均の「ダイソー」で。⑤不動のエース、曲げわっぱ弁当箱は「大館工芸社」のもの。これは8,000円ほど（←大奮発）。長く大切にしたい。⑥ZEBRAの2段ステンレス弁当箱。直火オーケー、入れるおかずの自由度が高い。（3,000円くらい）⑦あまり活用していない網代編み竹かご弁当箱。（1,500円くらい）　⑧スープストックトーキョーのスープジャー。（ジャーの金額は2,500円くらい）⑨お花見で使える重箱。「イエロースタジオ」というネットショップで購入。（3,000円くらい）

▶ 2016/07/16 我が家のキッチン

オシャレでもなんでもない、使い勝手のみを追求したキッチンです。我が家は普通の賃貸アパート。以前は全てのキッチンツールを収納にしまっていたのですが、使う頻度が高いものは手が届くところにあるほうがやりやすいと思うようになり、こんな感じになりました。
ニトリやニッセンなどで理想に合ったステンレス製の棚を探し、調味料やキッチンツールの置き場所をたくさん確保。コンロと流しの間の作業スペースには何も置かないように。流しと反対側の壁には、無印良品の「壁に取り付けられる棚」で置きスペースを確保しています。こちらには頻繁に使う小皿や茶葉など。お弁当箱の置き場所もこちらに。
そしてこだわりは、食器の水切りカゴを置かないことと（グラス以外の食器は洗ったら即拭いてしまう）、コンロは毎日キレイに磨くこと、です。このふたつをしていれば、ある程度はキレイな台所を保てる気がしています。

▶ 2016/08/06 オムライス弁当

オムライス、ポテトフライ、にんじんラペサラダ、ちくわチーズ揚げ

花柄＆水玉オムライス。まず、卵3つのうちひとつ分の卵白だけよけておき、全卵2個＋卵黄1個で薄焼き卵を。一度取り出し、型抜きしたあと、フライパンに戻し、型抜きした場所によけておいた卵白を流し込むと出来上がり。正直めっちゃ面倒くさい！　前回作ったとき、2度とやるまいと思ったものです。それをなぜまた作ったかと言うと、息子が食べたいと言ったから。作るよ作るよ、君のためなら。と頑張って作って、ワクワクしながら見せたら……まさかのノーリアクション！　3歳児、気まぐれすぎるよ！　ママ悲しい。出来上がりもイマイチだし、悔しいから今度またリベンジ!!

▶ 2016/09/03　鶏の照り焼き弁当

鶏の照り焼き、卵そぼろ、タラモサラダ、切り干し大根のはりはりごま酢サラダ、ししとうの甘辛炒め

テリッテリな照り焼きと甘い卵そぼろ。そしてこの組み合わせにはやっぱり紅しょうががマスト。甘い、しょっぱい、辛いが三位一体。
今日はキャラ弁を教えてもらいに行ってきます。絵心の全くない私。幼稚園児みたいな絵を描くので、「子どもの絵を大人になってからも描けるなんて逆にすごいよ」と友人に言われたことがあります「下手すぎてアートだよね」「斬新過ぎて時代が追いつけない」とか。そんな私でもキャラ弁、作れるんだろうか。でも息子が喜びそうだから、できるものなら習得したい！

▶ 2016/10/18　作りおき。今週の「家事貯金」♪

(上段左から)粕汁、煮込みハンバーグ、鶏つくねの大葉巻き、肉じゃが、ころころコロッケ、鶏そぼろ、マカロニサラダ、パプリカとたけのこのオイスター炒め、もやしとチンゲン菜のナムル、ミニトマト(50度洗い)、塩麹漬け豚ロース、卵そぼろ、大根と枝豆の塩昆布浅漬け、かぼちゃマッシュサラダ、オクラのごま和え、ちくわオクラとちくわチーズ、塩茹でブロッコリー、花にんじん、味玉

昨日は運動会の代休でお休みだったので、なんだか今日が月曜気分。ゆっくり休んだので張り切って家事貯金に勤しみました。全てを終えてお惣菜を並べたときの達成感、プライスレス☆
これらの作りおきは、5日をめどに食べきるようにしてますが最終的には自分の舌と匂いで判断。保存容器はほぼ「iwaki」のフード＆レンジパック。これらは、2日かけて調理します。おそらくトータル4時間くらいです。

▶ 2016/10/19　ブリの照り焼き弁当

ブリの照り焼き、マカロニサラダ、ころころコロッケ、卵焼き、オクラちくわ

ブリ照りにマカロニにコロッケ。和なの？洋なの？ってまとまりがないけど、好きなおかずばっかりだからノー問題。なんでもオーケーなところが家庭弁当の魅力です（とか言ってみる）。実際ただのノープランでこうなっただけ。
先週から始まったガッキーと星野源さんのドラマがかわいくてニヤニヤ。昨日の放送、ちゃんと録画されたかな。テレビって仕事してる頃はほとんど見なかったけど、今はちょっとした楽しみ。ドラマはリアルタイムではまず見られないけど（大体添い寝してる時間だから）。

▶ 2016/10/21　三種おにぎりとハンバーグ弁当

三種おにぎり（おかかチーズ、味玉、梅ゆかり）、ハンバーグ、かぼちゃのマッシュサラダ、オクラのごま和え、チーズちくわ

好きなものばっかり。どれから食べようか迷うのも楽しいおにぎり3種ができました。味玉おにぎり、味玉を包むだけなんだけど裏切らないおいしさです。我が家の半熟卵の茹で時間は8分。冷蔵庫から出したばかりのLサイズの卵。沸騰したお湯に8分茹でて、時間がきたら冷水にとって余熱が通るのを防いでます。
昨日夕方の6時に寝た息子。そこから朝までスヤスヤ寝ておりましたが、やはりいつもよりも起きるのが早い！　ひとりで起きるのは寂しいのかどんなときも必ず容赦なく私を起こしてくれる。お弁当作りの間は邪魔せずひとりで遊んでいられるくせに……。眠いよ――！

▶ 2016/11/04　パッカンおにぎり弁当

パッカンおにぎり4種（ツナマヨ・牛しぐれ・明太子・かぶの葉の高菜風炒め）、おにぎり形卵焼き、鶏とひじきの落とし揚げ、オクラちくわ

この間初挑戦したばかりの@bigmom10こと、まなみさん考案の「パッカンおにぎり」。おにぎり弁当ってご飯を詰めるお弁当よりも手間は掛かるんだけどお弁当箱を開けたとき、それに見合うだけの喜びがある気がする。なんだろね。おにぎりって良いですよね。
パッカンおにぎり。丸型おにぎりを海苔で巻いて切り込みを入れ、好きな具材を入れていくだけ、アレンジ自在で楽しい！チビに見せたら喜んでた。またもや旦那には不要のかわいさを投入してみましたが反応はいかに。

▶ 2016/12/14　甘辛チリチキン弁当

甘辛チリチキン、コンビーフのポテマヨサラダ、なめ茸、味玉、ブロッコリーのナムル、ちくわチーズ磯部揚げ

息子にたたき起こされ、意図せず早起きの朝。ケチャップとコチュジャン等を合わせたタレで、甘辛く炒めたチリチキン。下味にお酒と片栗粉を揉み込んでから焼くと、冷めても柔らかくておいしい。子どももOKなマイルドな辛さなのでうちの3歳児もパクついてました。そしてそして。とっても脇役なんだけどなめ茸がすごくおいしくできた！　今回のなめ茸は、エノキだけじゃなくてしめじや舞茸などいろんなきのこをたっぷり使って。鷹の爪を加えてピリ辛に仕上げました。野菜高騰中の今だけど、きのこは値段そのままのお助け食材。来週もまた作ろうかな♪　お安い食材でお気に入りのものができると、喜びもひとしおな私。

02

dayさん
(@__d.a.y)

DAY

→ Instagram「@__d.a.y」

お弁当作りを開始する時間	お弁当作りにかかる時間
7時半	料理30〜40分。詰めと写真撮り20分

福岡県在住、お弁当歴1年目の専業主婦です。ちょっとやってみようかなっと軽い気持ちで作った夫のお弁当。そのまま毎日の日課になりました。おかずも詰め方もまだまだ模索中。つくりおきはしないのでおかず作りは基本全て朝。代わりに肉や野菜を使いやすくカットした冷凍ストックをたくさん作っています。

▶ご家族構成
夫、わたし

▶お弁当へのこだわりを教えてください
平均6品あるので、彩りに注意しつつ、シンプル丁寧に詰めること。

▶自分の作るお弁当の良いところを教えてください。
節約と時短をしつつ、手抜きしすぎない。

▶今後チャレンジしたいことがあれば教えてください。
おかずのバリエーションを増やしていきたいです。

節約と時短をしながら、シンプル・丁寧なお弁当。

▶ **2016/07/14**　夏

初めて母にお弁当を見せたけど

ひき肉のコーン蒸し、人参ひらひらバター醤油、いんげんアーモンド和え、鯛型蒸し焼き卵、大葉とチーズのちくわ巻き、紫キャベツのナムル

初めて母に自分の作ったお弁当を見せたけど、テレクさかったぁ。旦那にお弁当作り始めたときもテレクさかったなぁ。ふたつのテレクささはちょっと違うけど、恥ずかしくないように頑張ろうというのが、お弁当作りの原動力のひとつかも。
お弁当袋に保冷剤を入れてるんだけど、水滴で結構濡れてる！　傷みに強いと言えどお弁当箱が心配。今日は保冷剤をキッチンペーパーで挟んでジップロックに入れてみた。

▶ 2016/08/03
エビたっぷりのチーズはんぺん 夏

エビたっぷりのチーズはんぺん、鮭、ゆで卵スライス、やみつきピーマン、ブロッコリーぶぶあられマヨ、三色かまぼこ、ウィンナー

今日のメインは、エビたっぷりのチーズはんぺん。意外に大きすぎてごめん。焼きたてを味見したらおいしかった。お肉は入ってないけど大丈夫かな。

▶ 2016/08/05
もらったお野菜でカラフルに 夏

人参、いんげんの肉巻き、カラーピーマンの肉詰め、枝豆マヨちくわ、紫キャベツのナムル、ゆで卵、花ハム

今日は色多め！ 旦那さんの店の敷地内で野菜を売ってる方が連日、野菜を譲ってくれて、冷蔵庫が潤ってます。そういえば、こないだ入れた「エビたっぷりのチーズはんぺん」。旦那が「得体の知れないものが入ってた！」と。はんぺんだよっ（笑）。味は大丈夫だったみたいですが。

▶ 2016/09/12
なんかぼんやりしちゃったお弁当 秋

豚ロースの豆腐巻き、白菜ときゅうり和え、ポテサラ人参、エビマヨチーズ、卵焼き、黒豆、紫キャベツのごまだれ和え

なんか色合いがぼんやりしちゃったかな。豚ロースの豆腐巻きには木綿豆腐を軽く水抜きして使ってます。ロースが少し厚めなので崩れなかったかもしれません。「ポテサラ人参」は、人参を細切りして編み編みして、ポテサラを包んだだけです。簡単なのに手が混んで見えます。

▶ 2016/09/15
今日はサバを入れてみました 秋

サバの塩焼き、なすと豆腐の香味醤油揚げびたし、ひらひら人参（麺つゆバター）、ポテサラ編みきゅうり、ゆで卵、花ハム、黒豆

たまーにも入れない魚。お弁当開けてびっくりするかな。今日のサバはフライパンで焼いたけど、表面をパリパリにしたかったらやっぱり魚焼きコンロのほうがいいのかな。お弁当のおかず作りに、頻繁に魚焼きコンロを使うので、極力魚の臭いを付けたくない。悩ましいところ。

▶ 2016/09/19

そろそろお弁当箱がほしい

ししとう（ウィンナー）肉巻き、揚げ餃子、春雨サラダ、紫キャベツのナムル

うーん、量が足りなかったかも。大丈夫かな。最近お弁当の詰め方が定番化してきてしまったので、そろそろお弁当箱が欲しいな。このお弁当箱は、「公長齋小菅（こうちょうさい こすが）」のものです。餃子は収まりがいいように好きなように包んでます。四角ってだけでだいぶ見た目に助けられてます。

▶ 2016/10/11

今日はめずらしく魚

ブリの照り焼き、ねぎ入り卵焼き、大根もち、小松菜のおひたし、人参のおひたし、黒豆、花カニカマ

お弁当用ごはんが少なくなったので小さめの丸弁にしました。量足りるか心配だったから別に、ちっちゃいおかず弁当付き。ブリの照り焼きは詰めるとき高さを出すため、下に「隠し卵焼き」を入れています。

▶ 2016/10/24

今日は中華弁当

青椒肉絲、じゃがいものツユマヨ、エビシュウマイ、人参とエノキのチリソースレモン和え、ゆで卵、花ハム

今日はどっちかって言えば、ですが、中華寄り弁当にしてみました。野菜高騰、いつまで乗り切ればいいんだー！とりあえず安めのピーマンを多用しています。昨日もメンチカツにピーマンのみじん切りを入れました。もっと和食を作れるようになんないとなぁ〜。

▶ 2016/10/26

お弁当を取り巻く物欲が……

豚肉オイスターソース炒め、きんぴらごぼう、マッシュドパンプキン、焼きポテト、きゅうりちくわ、ベビーコーン

今、お弁当箱はふたつ使っていて、細い長方形のお弁当箱も欲しくて悩んでる……。他の形のも欲しいし、野菜の型抜きも欲しいし、竹のピックも欲しいし、風呂敷も欲しいし……お弁当を取り巻く物欲が留まるところを知らない！　でも旦那はきっと、お弁当箱は「ひとつあればいい派」（笑）。

▶ 2016/11/15　今日はトンカツ

トンカツ、すき焼き、紫キャベツのナムル、枝豆ちくわ、花ハム、三色かまぼこ

どうしても「動物ぽんぽん」が作りたくて、今日は都会の手芸屋さんに行ってきます。あと母とお茶かランチかな。「ランチしよう～」って私を誘ったのに「お昼もう食べたよ」とか言う母です。おじいちゃんも天然だったな。妹も天然だしな。親戚も天然多いなぁ。

▶ 2016/11/16
花ハムの作り方

なんの根拠もないやり方ですが、私の花ハムの作り方をご紹介。
- ハムは一応茹でる（茹でなくてもできます）。
- 繊維を縦に見て二つ折り。
- 斜め切りにすると大人っぽい感じに。縦切りにするとかわいくなります。ずれすぎないように巻き、乾燥パスタを刺して止め、余分なところをカットしたら出来上がりです。

▶ 2016/11/17
朝起きられなかったけど間に合った！

ピーマンの肉詰め、卵焼き、マッシュポテトコーン、ミートボール、紫キャベツのナムル、人参のめんつゆ和え

もう、朝、全然シャキッと起きられない！　ばったばたで作りました。間に合った！
「動物ぽんぽん」できました！　作りたい！って思って次の日には都会に出向いて、本と道具を全部揃えて作り終わるっていう、好きなものには惜しまない行動力（笑）。B型だからかな。え、違う？

▶ 2016/11/24　**メインと小鉢から詰めます**

秋

豚肉となすの味噌炒め、卵焼き、人参のめんつゆ和え、ほうれん草の白和え、ポテトケチャップチーズ、しめじのバターソテー、花ハム

私のお弁当の詰め方は、端っこから詰めていくのではなく、メインと小鉢を先に入れ、また空いたスペースに詰めていく感じです。「形があるおかず」→「形が自由自在なおかず」の順で、穴を埋めます。最後、微調節して、大葉がよく見えるよう引き出したり、しめじの隙間が気になってなすを増やしたり。
旦那が好きな「ポテトケチャップチーズ」。マッシュポテトを丸めて、穴を開けてケチャップ入れて→チーズで蓋。魚焼きグリルでチーズを溶かして、完成です。

▶ 2016/11/26　**朝、泣きながら作ったお弁当**

秋

つくねバーグ、すき焼き、ねぎ入り卵焼き、もやしとピーマンといんげんの中華和え、マヨチーズエビ、人参のめんつゆごま和え、黒豆、花ハム、ウィンナー、枝豆

昨日の夜、目にゴミが入って、洗っても何してもゴミが取れず、痛くて。朝は泣きながらお弁当つくったー（T-T）　眼科に行ってきました。アレルギーですねーって言われて、「あ、まぶたの裏にゴミがついてますね」って、ついでみたいに取ってくれたら……一瞬で治ったー！　眼科でゴミを取ってもらうってセレブ……。
とりあえず、涙のお弁当です。
お弁当箱に入れている小鉢は、セリアやダイソーで購入しています。ネットでは「珍味入れ」等で検索すると出てきます。

▶ 2016/12/02 | 一段のお弁当に憧れる

冬

豚肉のオイスターソース炒め、バター醤油厚揚げ、きゅうりとわかめの酢物、きのこソテー、卵焼き、花カニカマ、人参のしりしり、黒豆

旦那とこないだお寿司を食べに行ったら、「胃が小さくなったなー、食べれんくなったなー」って言ってたから「じゃあ、お弁当、一段でいいってこと？」って聞いたら「絶対ダメ！　無理！」って全力で言われました。ご飯半分、おかず半分のお弁当の憧れあるけどきっと一段でも難しいんだろうなぁ。
色が濃いお弁当箱はおかずが映えるから最近特に好きです。今日は「しこく彫」のお弁当箱です。

▶ 2016/12/04 | 牛小間ビフカツ

冬

牛小間ビフカツ、卵焼き、ちくわきゅうり、ひすいなすのエビあんかけ、紫キャベツのナムル、小松菜のおひたし、人参の味噌和え

寒いよね、毎日。起きたての布団が一番気持ちいい！　夏はプイプイされるけど、冬はネコのコテツが「お布団入る」ってしてくるから幸せ。滞在時間10分くらいだけど。
牛小間ビフカツは下味をつけた小間切れを丸め衣をつけて揚げています。3つあるうち1つだけチーズを入れたり！　朝から手間はかかるけど、炒めものが続きそうなときは、成形できるおかずにするのが自分ルール。

▶ 2016/12/06　豚肉となすのオイスターソース炒め

豚肉となすのオイスターソース炒め、卵焼き、きゅうりとしらすの酢の物、人参のグラッセ、ピーマンのマッシュポテトコーン詰め、肉団子、花ハム

野菜高騰が和らいできた〜！ その間すっかり行きつけのスーパーが変わってしまった。スーパーによって買うお肉を変えてたから、最近、豚小間と牛小間多め。
作り置きはあまりしないのですが、人参のグラッセはまとめて作っています。冷凍すると柔らかく味がしみしみに。人参を数本買ったら太いところはグラッセ用、細いところは千切り用・ひらひら人参用に切り分けてすぐに冷凍保存。人参のグラッセの解凍は湯煎でしています。

▶ 2016/12/15　本日、しょうが焼き解禁！

豚のしょうが焼き、人参のめんつゆ和え、蒸し豆腐の茶巾しぼり、れんこんの甘辛炒め、やみつきピーマン、黒豆、花ハム、ゆで卵（8分→殻付のまま5分ほどおいたもの）

旦那はしょうがが苦手らしく（調味料にはどんどん使ってたけど）、さすがにしょうが焼きは……と思って避けてて。「しょうが焼き定食って食べたことないの？」と聞いたところ、「食べてたよ、しょうがの味しないのは」……ん？　しょうがの味しないしょうが焼きってなんだろう。すりおろしたのは大丈夫っぽいし、もういいやと思って今日しょうが焼きを解禁しました！

▶ 2016/12/16　和風ピックが届きました！

豆腐つくね、鯛型卵蒸し、ほうれん草の白和え、クルトン入りマッシュポテト、紫キャベツ炒め、カニカマ花

和風ピックを注文してたのですが、さっき届きました！　明日使おう！　あと今、京都の「五色のにしきごま」が欲しい……。京都かぁ。いつか行きたいなあ。私のお弁当作りには、小さめの耐熱ガラス容器が欠かせません。少量ずつ作るので野菜の解凍、調理に重宝しています！

お弁当作りには耐熱ガラス容器を活用！

▶ 2016/12/16　新しいお弁当箱！

豚小間とれんこんのオイスターソース炒め、白菜とシーチキンとサラダ、きんぴらごぼう、じゃがいももち、卵焼き、枝豆ちくわ、しいたけシュウマイ、花ハム

今日は新しいお弁当箱！　飛騨春慶塗って美しい。思ったより深くて、ごはんを入れたと、一回諦めて、他のお弁当に詰めかけたんだけど……やっぱり詰めてみた！　結果、深くても大丈夫でした(^^)。ごはんとおかず、ひとつにまとめてみると、改めて思うけど、こんなに食べるんだね。新しいお弁当箱のおかげで心機一転できました。

03

わたをさん
(@n.watao)

WATAO

➡ Instagram「@n.watao」

> 自分の食べたいものをもりもりに。

お弁当作りを開始する時間	お弁当作りにかかる時間
午前5時半くらい	30分前後

四国の徳島県で看板屋を営んでいます。3年前までお昼は完全外食。40歳を過ぎ、健康管理のために始めたお弁当作りにドハマリしています（笑）。お料理を通じて、季節の移り変わりなどを感じられるのが心地良い。

▶ご家族構成
自分、妻、長女11歳、長男8歳

▶お弁当へのこだわりを教えてください
とにかくおいしそうに。きっちり詰めたいので、お弁当箱は少し小さめを選んでいます。「柴田慶信商店」で購入した白木の曲げわっぱを愛用。

▶自分の作るお弁当の良いところを教えてください。
盛り盛り。

▶今後チャレンジしたいことがあれば教えてください。
和食お弁当のレパートリーを増やしたい。

▶ **2016/03/23**
骨付き唐揚げ弁当

春

今日は骨付き唐揚げ弁当。唐揚げの持ち手にはマスキングテープを巻いています。大人弁当なので渋い目のテープで。お肉を食べて、お仕事頑張ります。

▶ 2016/05/16　ひじきご飯と唐揚げ

春

今日はひじきご飯と唐揚げ。昨夜はフットサルの後に軽く打ち上げ。若干お酒が残ってるかな。フットサル、体育館を貸し切りにしているので、フットサルやったりバスケやったり。親子で楽しんでいます。
唐揚げは大好きなので一番おいしい揚げたてをつまみ食い。ひじきご飯は、残してあった煮物を混ぜ込んでます。

▶ 2016/05/25　車エビど―――ん

春

車エビど―――ん!! 鯛めしに地元産の車エビをのっけました。味付けは塩のみ、グリルで焼いて、すだちでイタダキマス。真っ直ぐに焼くと入り切らないので、そのまま焼いて腰を曲げてもらいました。尻尾も殻もパリパリ香ばしくておいしい。義父が底引き船の漁師なので、魚貝はちょくちょくいただくのです。卵焼きには人参と絹さやを入れて彩りアップ。徳島のすだちと刻み大葉で爽やかな香りと風味をプラス。

塩と
すだちで
いただきます!

▶ 2016/05/30　スペアリブ弁当　春

今日はスペアリブ弁当。昨夜は、フットサル後のミーティングと称した飲み会に参加。軽い寝不足です。お肉を食べてパワフルに乗り切ろう。トマトはソテーしてます。加熱すると甘みが増しておいしいんですよね。
自分のお弁当作りで欠かせないのは「有次（ありつぐ）」のペティナイフです。

▶ 2016/06/17　夏

アスパラの肉巻き

今日はアスパラの肉巻き。アスパラなっがー!! ふっと!!　はたして、蓋は閉まるのだろうか……これが意外と普通に閉まりました（笑）。柔らかいからクイッと。アスパラ肉巻きの作り方は①アスパラの下の先、固いところをカットして、さらに固い皮（下から10cmくらい）をピーラーなどでむく。②さっと水洗いしたアスパラに豚バラなどを巻いて、塩こしょうを適当にパラパラ。③フライパンに並べて、中火くらいで焼き色を付ける。④上から全体にかかるくらいのお酒をふりかけ、蓋をして弱火で具材に火を通す。⑤火が通ったら、砂糖、醤油、みりんを同量入れて、やや強火で煮からめて完成です。

蓋、閉まらなそうで閉まりました（笑）!

▶ 2016/06/22
エビフライ

今日はエビフライ。オムライスにエビフライどーん!!
どーん!! 縁起物の尾頭付き、景気よく2本入れました。
たまに豪快なやつを作りたくなるんです（笑）。

▶ 2016/07/09
今日は冷やしうどんと
タコから揚げ

今日は冷やしうどん。夕べ作っておいたおいなりさんは、
自分用だけ枝豆トッピング。漁師をしている妻の実家か
ら、売り物にならない子どものタコをいただきました。
卵はいつも常温に戻した卵を8分くらい茹でますが、今
日は冷蔵庫から出してすぐのを9分。

▶ 2016/07/13
今日は鮭の混ぜご飯

今日は鮭の混ぜご飯。オクラとれんこん入り。昨夜は
PTAソフトボールの試合でした。帰りが遅かったので若
干寝坊。下に敷いているのは、笹の葉です。以前は地元
の山で手に入れていましたが、今はお店で買っています。
防腐作用と、わっぱ弁当箱を傷めないために。
そしてれんこん柄の……手ぬぐいで、箸入れを作っても
らったので、これはもうれんこんを使ったお弁当作るし
かないなーと。手ぬぐいだけ自分で買ってきて、製作は
妻にお願いしています。

▶ 2016/08/08
冷蔵庫のありもの弁当

冷蔵庫のありもの弁当。オクラの肉巻き。鮭ほぐし。卵
焼き。お盆休みまであと少し。冷蔵庫を空にして連休を
迎えよう。鮭は小さな切り身だったので、そのままのせ
るには寂しい……。でもほぐしたらボリュームが出まし
た。いつもこのお弁当の量ではちょっと物足りない感じ
ですが、それでも食べてからしばらくするとちょうどい
い感じになります。お腹いっぱい食べると現場で動けな
くなるのと、眠くなるのでお昼は少なめにしてますよー。
その分夜に暴飲暴食（笑）。

▶ **2016/08/19**

今日は栃木焼きそば

今日は栃木焼きそば。先日テレビで見かけたのですが、栃木県の一部では、焼きそばにはじゃがいもが入っているそうです（群馬県の一部でもそうらしい）。初体験の栃木焼きそば、食べごたえたっぷり！ もぐもぐしてると甘みが広がります。これはクセになる！ もうポテト抜きじゃ物足りない!? 焼きそばにはねぎたっぷり、温玉とからめるとうまうまー！ これはビールが欲しくなりますわー！

じゃがいもが
クセになるおいしさ！

▶ **2014/09/19** | 栗ご飯とから揚げ

土鍋で炊いた栗ご飯に秋を感じつつ、軽くお仕事しちゃいますか。祝日だから、緩めにのんびりと。栗って皮をむくのは辛いけどおいしいから毎年楽しみですね。水から茹でて、しばらく沸騰させて蓋は取らずに一晩。あとは手とか包丁とか駆使してむくだけ。大きい栗をお弁当用に残しました。から揚げは、手羽中です。二度揚げでカリッじゅわっ！

▶ 2016/10/04

マイナスイオンで癒やされる

県南で打ち合わせ。この仕事が入ってから、お昼はここで食べようと決めていました。マイナスイオンで癒やされるー。外でお弁当を食べる機会はたまにありますけど、ここは特別な場所ですね。お弁当の下に入れているのはみょうがと水菜、あぶった油揚げとちりめんじゃこに白ごまをポン酢で和えたものです。一番手前はささみと長ねぎと塩めかぶに白ごまを中華スープの素、ごま油、塩で和えました。

▶ 2016/10/08

サンドイッチとパン耳ラスク

そぼろが少し残っていたので、そぼろ入りサンドイッチにツナと紫玉ねぎのサンドと、卵サンド。そして子どもたちにはパン耳ラスクのおやつ。いつも残ったパン耳は簡単ラスクにします。フライパンにバターを溶かしてパン耳投入。水分がある程度飛んだらグラニュー糖をまぶし、からめるように炒ったらできあがり。おやつはめったに作りませんが、喜んで食べてくれるとやっぱり嬉しい。

オクラのごま和えははちみつ入り。

▶ 2016/10/11

豚のしょうが焼きのっけ

どーーん。豚のしょうが焼きのっけ。ご飯がすすみますねぇ。あとは、トマトのチーズ焼きに、オクラのごま和え。ゆで卵付き。トマトのチーズ焼きは、中身はトマトのまま（笑）。切ったトマトに塩、チーズ、オリーブオイル、粗挽き黒こしょうをしてトースターへ。仕上げにパセリです。簡単だけどおいしい。オクラのごま和えもおいしいですよー。はちみつとお醤油にごまです。

▶ 2016/10/18

アジと炊き込みご飯

アジがでかい。アジは切込みにすだちを差し込んでみた。まさかすだちを差し込まれるとはアジも思ってなかったろう……。そして絹さや入り卵焼きときゅうりの浅漬け。あまり見えていないけど、炊き込みご飯の具材は、鶏肉、れんこん、人参、しめじ、油揚げ、コンニャク、絹さやだったかな。冷蔵庫と相談して決めました。

▶ 2016/11/21　焼き鳥弁当

焼き鳥弁当。炊き立てご飯にタレをかけたら、大判海苔を敷いて焼き鳥ど——ん！ハヤトウリの酢の物に、味付け卵と金時豆。焼き台前のカウンターで、煙に燻されながらビールをあおりたいー！　私は「炉ばた大将」というカセットコンロ式の焼き台で焼いているのですが、弱中火でじっくり、何度もひっくり返しながら焼きましたよ。
このお弁当箱、容量は650ml。平たいタイプ。他にも小さいけど高さのあるタイプとか、二段のやつとか……。お弁当に合わせて変えてるのさ。

このお弁当箱、容量は650mlです

▶ 2016/12/02　豚まん弁当

豚まん、一度に30個とか仕込むんですけど、すぐなくなります。豚まん弁当、片手で食べられますから、忙しいときにはもってこい。
豚まんを仕込んでから「きょうの料理」を見ていたら、土井善晴先生がシュウマイを作っていたよ！今度はシュウマイに挑戦だ！

ムニムニ、
ギュウギュウ〜

▶ 2016/12/05
そぼろ弁当

冷蔵庫の残り物オールスターズでそぼろ弁当。緑はさっと炒めたピーマンにカレー粉をまぶしてます。下にはわっぱの保護と、食品の傷み防止用に笹の葉をしいてますよ。

アニメに出てくる料理です！

▶ 2016/12/13
肉団子スパゲッティ

肉団子スパゲッティ。あれです。例のあれ……ジブリアニメの『カリオストロの城』に出てくる料理ですよ。ジブリ飯ってやつです。決して、決して手抜きなどでは……。最初はハンバーグのつもりでこねてたんですが、急に気が変わって肉団子に。さらにパスタまで。

▶ 2016/12/16
白ねぎの肉巻き焼き

白ねぎの肉巻き焼き。お肉少なめだけど、ねぎのおかげでボリューミー。ありもの野菜とベーコンの甘辛炒めに、トマト入り卵焼き。溶き卵にカットしたトマトとパセリを入れたら塩と黒こしょうで味付け。バターで焼いたら出来上がり。いやもうこれオムレツちゃうんかと（笑）。

▶ 2016/12/19
シュウマイど――ん！

シュウマイど――ん‼ シュウマイがあれば安心。もう怖いものはない。土井善晴先生レシピのシュウマイ最高。肉と玉ねぎが同量入っているのと、タネをあまりこねすぎないのが肝ですね。見えないけど下にエビチャーハンを敷き詰めてます。見えないけど！

04

めぐさん
(@merimerimeg)

MEGU

➡ Instagram「@merimerimeg」

> 雰囲気を変えるためにいろんなお弁当箱を活用♪

お弁当作りを開始する時間	お弁当作りにかかる時間
6時45分頃	前夜のおかずを詰めるだけ。夕飯準備の時間で言えば1時間ぐらい

毎日、働き盛りの夫と食べ盛りの高校生息子のお弁当を作っている40代ワーキングママです。とにかく満腹になるようなお弁当を心がけてます。お弁当ってどうしても同じようなおかずになってしまうので、いろんなお弁当箱を使って雰囲気を変えるよう工夫して（ごまかして……？笑）います。

▶ご家族構成
夫、自分、長男19歳、次男16歳

▶お弁当へのこだわりを教えてください
あまりごちゃごちゃ弁当になるのが嫌なので、おかずは5品前後と決めてます。

▶自分の作るお弁当の良いところを教えてください。
夫と息子用のお弁当なので、満腹重視のガッツリ弁当です。

▶今後チャレンジしたいことがあれば教えてください。
どうしてもマンネリ化してしまうので、同じ食材でいろんなアレンジができるようになりたいです。

▶ **2016/05/21**

エビ天むす／息子高体連弁当

春

エビ天むす、カレー味のメンチカツ、うずら天、アスパラのバターソテー、だし巻き卵焼き

高体連弁当。試合の時は食べる時間もあまりないし食べ過ぎると動けなくなる……と言うので、軽めのお弁当。おにぎりは食べやすいのでこの日はエビ天むすおにぎりにしてみました。

▶ 2016/06/14 ｜ ガッツリチキン南蛮のせ／
パパ＆高校男子弁当

チキン南蛮、ホッケ、里いもの煮っころ
がし、春菊のナムル、くるくるだし巻き
卵焼き

うちの男衆はお肉の塊がお弁当に入ると大
喜び！ 我が家では鶏ムネ肉が定番……
お安いですからね（笑）。ムネ肉をフォー
クでブスブス刺して繊維崩壊。こうする
とお安い鶏ムネ肉も柔らかくなりますよ。

お弁当用の
小さい卵焼き器が
便利です♪

▶ 2016/08/06 ｜ オムライスおにぎり／
息子バスケ練習試合弁当

オムライスおにぎり、ジンギスカン唐揚
げ、野菜サラダとポテサラ

試合なので軽めのお弁当。アクセントに
焼印を押してみました（自己満足w）。ジ
ンギスカン唐揚げはある居酒屋さんで食
べて美味しかったのでマネしてみました。
大好評メニューの一つです。

焼き印を
アクセントに。

▶ 2016/09/06　ほたてご飯／
　　　　　　　パパのお弁当と息子の置き弁

ほたてご飯、コロッケ、野菜入りちくわの肉巻きフライ、小松菜の辛子麺つゆ和え、だし巻き卵焼き

息子は定期考査のため、お弁当不要だったので置き弁です。ほたてご飯には少しもち米を混ぜました。もち米を混ぜると少しは腹持ちするかなぁと思って（笑）。

▶ 2016/09/12　コチュジャン味噌の焼きおにぎり／
　　　　　　　パパと高校男子弁当

コチュジャン味噌の焼きおにぎり、ピーマンの肉詰め、巾着卵、ほうれん草とベーコンのソテー、ポテサラ

焼きおにぎりはコチュジャンとお味噌と味醂・お砂糖各少々、甜麺醤を適量混ぜて塗り、ごま油で焼きました。この焼きおにぎりは大葉を巻いた方が美味しいです（大葉嫌いの息子でもこれならなんとか食べられます）。

焼きおにぎりはフライパンで。

▶ 2016/10/20 ｜ 肉巻きおにぎり／
　　　　　　　高校男子弁当

肉巻きおにぎり、なす煮びたし、マカロニサラダ、だし巻き卵焼き、お味噌汁

肉巻きおにぎりって俵形や丸形が定番かもしれませんが、我が家では細長く棒状にした肉巻きおにぎりが定番です。棒を刺すと食べやすいようです。これだと小さいお子さんにも喜ばれるかもしれませんね。

▶ 2016/10/21 ｜ まぐろのたたきにイクラのせご飯／
　　　　　　　高校男子弁当

まぐろのたたきにイクラのせご飯、豆腐入り肉団子、マカロニサラダ、いんげんのピーナッツ味噌和え、くるくるだし巻き卵焼き、お味噌汁

この日は初雪。寒いな〜……良い事と言ったら、お弁当の腐りを心配しなくていいって事だけかな。そう思って生物投入！これは息子も大喜び！　これならおかずが少なくても充分だよね!?（笑）

▶ 2016/10/27　丸形おにぎり／
　　　　　　　　パパと高校男子弁当

丸形おにぎり、ししとうバーグ、塩紫キャベツ、白菜と小松菜のくるくるおひたし、きんぴらごぼう、だし巻き卵焼き、お味噌汁

ししとうをハンバーグのタネで包んで焼きました。こうすると普段ししとうを好んで食べない息子でも、嫌でも食べなきゃいけないですからね。息子の好き嫌い克服作戦です！

▶ 2016/11/07　まんまるおにぎり三種／
　　　　　　　　パパと高校男子弁当

まんまるおにぎり三種、鶏の竜田揚げ、おでん、れんこんのきんぴら、中華風小松菜ベーコン炒め、だし巻き卵焼き、お味噌汁

黒ごまが蟻の集団に見えるのは気のせい？（笑）　この日は地方で一人暮らしをしている長男と一緒に大好きな向井理さんの舞台を観に行ってきました。この日のお弁当はいつもより気合いが入ってたかも……向井理効果！（笑）

▶ 2016/11/11 　ローストビーフ巻きおにぎり／
　　　　　　　　パパと高校男子弁当

まんまるおにぎり2種（ローストビーフ・イクラ）、チーズ乗せメンチカツ、エビフライ、ポテサラ、ししとうの揚げびたし、かぼちゃのオーブン焼き、ねぎ入りだし巻き卵焼き、お味噌汁

初めて作ったローストビーフ巻きおにぎり！　これは絶対喜ばれる自信がありました……お肉が巻いてあるからね。

▶ 2016/11/17 　中華おこわ／
　　　　　　　　パパと高校男子弁当

中華おこわ、かぼちゃのまん丸コロッケ、柚子ポン酢漬けほうれん草の肉巻き、ごぼうサラダ、くるくるだし巻き卵焼き、お味噌汁

我が家の中華おこわは至ってシンプルで簡単。具は焼豚と人参。研いだお米の中に具を入れ、お好みの調味料を！　ごま油は多めに入れるのが好き。あとは炊飯器のスイッチをON！

竹皮でできている
お気に入りの
お弁当箱♪

05

enさん
(@en.ym1021)

EN

➡ Instagram「@en.ym1021」

お弁当作りを開始する時間	お弁当作りにかかる時間
朝5時過ぎ	下準備は前夜。朝は20分くらい。

愛知県在住、40代の主婦です。夫と高校生の娘の3人家族。田舎っぺの私が作るお弁当は野菜中心の地味弁ばかり。娘からはクレームの嵐ですが、めげずにお弁当を作り続けています。お弁当もおうちごはんも手作りを心がけていますが、決して無理せず、手を抜きたいときはとことん抜いちゃいます。

▶ご家族構成
夫、自分、娘16歳

▶お弁当へのこだわりを教えてください
できる限り手作りのものを入れる。

▶自分の作るお弁当の良いところを教えてください。
良い面でもあり、娘にとっては嫌な面かもしれませんが、野菜が多いところです。彩りを考えて詰めていて、気づいたら野菜だらけだったということも多々あります。

▶今後チャレンジしたいことがあれば教えてください。
娘が魚嫌いなこともあり、魚の出番があまりないので、魚嫌いな娘もおいしく食べられる魚のおかずを作って入れてあげられたらいいなと思います。

高校生の娘用、
野菜中心の
手作り地味弁当。

▶ 2016/02/22
豆ごはんおにぎり弁当

豆ごはんおにぎり、削りかまぼこおにぎり、卵焼き、大根と鶏ひき肉のあっさり煮、タコときゅうりと菊花の甘酢和え、れんこんのきんぴら

豆ごはんおにぎり弁当でおはようございます。卵焼きを作りながらよそ事してたら、焼き色が付きすぎちゃった（焦げたともいう）。焦げたところはカットして、しれっとお弁当箱に……。

▶ 2016/03/11 　寄せ集め田舎っぺ弁当

春

昆布じめ、春キャベツ包みおにぎり、野沢菜包みおにぎり、菜の花ごはんおにぎり、みつば入り卵焼き、鶏つくね、れんこんの柚子こしょうマリネ、豚肉＆ズッキーニロール、ミニミニおでん、かぼちゃのメープル煮、バルサミごぼう

寄せ集め田舎っぺ弁当でおはようございます。ごぼうがあまっていたので、りえちゃん（InstagramID @rie_shi）のレシピで「バルサミごぼう（ごぼうを赤ワイン、バルサミコ酢、蜂蜜、醤油で煮たもの）」を作りました。やめられない、止まらないおいしさ。

▶ 2016/04/05 　今日も安定の田舎っぺ弁当

春

黒米、雑穀米、白米のおにぎり、卵焼き、長いもと紅芯大根の肉巻き、ふきの煮びたし、れんこんの甘酢漬け、さつまいもの甘煮、赤軸ほうれん草のおひたし

今日も安定の田舎っぺ弁当でおはようございます。いつもより小さめのおにぎりにしたら、おかずスペースがかなり空いてしまい、詰めるものがなくて焦りました。無駄においもがたくさん入ってます。(- 3 -)

おいもたくさん、田舎っぺ弁当です。

▶ 2016/04/25 ミニオールドファッション弁当

ミニオールドファッション、タコとオリーブのオイルマリネ、人参とかぼちゃの種のラペ、いちご&ブルーベリー

ミニオールドファッション弁当でおはようございます。直径5.5cmのミニオールドファッションが6個入ってます。お友達と食べられるようにプラス6個持たせました。優しいママ（ちなみに娘はダイエット中）。

手作りドーナツ。娘、喜んでくれました♪

▶ 2016/06/06 ヤングコーン大活躍のお弁当

ヤングコーンの炊き込みご飯おにぎり、焼きヤングコーンのっけ、あおさ入り卵焼き、サバの西京漬焼き、れんこんのきんぴら、スティックカリフラワーの塩茹でほんのりカレー風味、ヤングコーンのヒゲとカニかまのサラダ、れんこんの甘酢漬け、かぼちゃの煮物、オクラの煮びたし

ヤングコーン大活躍のお弁当でおはようございます。仕切りに使用してるのもヤングコーンの葉っぱです。
先日、買ったはずの歯磨き粉がどこを探しても見つからなくて、まぁた買い物カゴに忘れて来ちゃったのかなぁ（←よくやるの）と諦めかけてたら……ありましたよ。……冷蔵庫に。

▶ 2016/06/12　ロールサンド弁当

ロールサンド（卵、お魚のソーセージ＆スライスチーズ、あんこ＆バター、いちご＆いちごジャム＆クリームチーズ）

いちご祭り。朝食にも出したら、あんバターロールサンドを見てダンナが「これってバター？　こんなにバターたくさん使って、俺を殺す気かっ」ですって。殺す気があるならとっくに……ゴニョゴニョ……。

▶ 2016/07/29　そうめん弁当

そうめん＆そうめんかぼちゃ、とり天、ゴーヤと桜エビのかき揚げ、卵焼き、かぶの漬け物、玉コンニャクのヒーハー

そうめん弁当（自分用）です。そうめんかぼちゃもなかなかさっぱりしておいしかったです。めんつゆはね、スープジャーで持って行ったの。簡単にほぐれてツルツル、のどごしもよかったよ。
玉コンニャクのヒーハーとは、玉コンニャクを油で炒めた後、醤油とみりんで煮て、最後に大量の一味唐辛子をふりかけたものです。あまりの辛さに口の中がヒーハーとなることからその名前をつけました。

冷たい麺が食べたくて作りました！

▶ 2014/09/02 いろいろおにぎり弁当

おにぎりって思いのほか時間がかかりますね〜!

肉巻き、しそキムチ、たらこin黒米、豆、鮭とイクラ、漬け物(小瓶)、

いろいろおにぎり弁当でおはようございます。おにぎりって朝ラクできるかなぁと思っていたら、思いのほか時間がかかり仕事に遅刻しそうになりました。先日、ロングだった髪を20センチくらいバッサリ切りました。そんな私を見てキレイだの、モデルさんみたいだの、今度写真撮らせてくれだの、職場の男性陣が大騒ぎ。……ちなみに彼らの平均年齢は75歳（￣ー￣）。

▶ 2014/09/12 秋だねぇのお弁当

きのことベーコンの炊き込みご飯、トッピング：栗、あずき、枝豆、人参、さつまいも、れんこん、サワラの西京焼き

秋だねぇのお弁当でおはようございます。昔の『家庭画報』だかに載ってたお料理。「吹き寄せ」って書いてあったかな。それはお寿司だったけど炊き込みごはんにしちゃった。いつもお弁当に入れてるものをのせただけ。このために煮たのはあずきぐらいです。

▶ 2014/10/03　そぼろ弁当　秋

20本のお箸で、ひたすら30分混ぜます！

そぼろ（ひき肉そぼろ、卵そぼろ）、高菜ご飯

ふわふわほろほろ食感のそぼろ丼弁当でおはようございます。下のご飯には高菜が混ぜ込んであります。以前、娘に花粉と言われてしまったこの卵そぼろ、お弁当のネタ切れで、また作ってまいりました。ただひたすら、20本のお箸でぐるぐると混ぜ続けること30分。ごくごく弱火で、フライパンでね。必要なのは時間と根気のみ！

▶ 2014/10/14　フルーツサンド弁当　秋

よーく研いだ包丁で切るのがポイントです！

フルーツサンド（柿とキウイとパイナップル）

フルーツサンド弁当でおはようございます。今回は練乳と水切りヨーグルトを加えました。4個入りが私のなんだけど、これじゃ絶対足りないから、コンビニでおにぎりでも買っていこうと思います。そういえば年初に掲げた今年の抱負は「痩せる」だったような……。今年ももうすぐ終わるな。

06

ひろさん
(@hiro71111)
HIRO

➡ Instagram「@hiro71111」

お弁当作りを開始する時間	お弁当作りにかかる時間
5時〜6時	20分〜30分このくらいの時間で出来上がるよう前日に下準備。

40代主婦です。主人が病気したことをきっかけにおいしく食べて元気になるをモットーに、味だけでなく目でも楽しめるようなお弁当作りを目指しています。頑張りすぎず、手抜きしすぎずで長く続けられるように頑張っています。

▶ご家族構成
主人、長男、次男（ふたりとも大学生）。

▶お弁当へのこだわりを教えてください
添加物はできるだけ避けたいので、既製品の冷食は基本使いません。ご飯はもち麦まぜです。

▶自分の作るお弁当の良いところを教えてください。
作り置きを使うことで、彩りよく野菜をたくさん詰められる。酢のものも味付けに変化をつけて和・洋・中と楽しんでいます。

▶今後チャレンジしたいことがあれば教えてください。
お魚弁当はどうしても見た目が地味になってしまうので、おいしそうに見えるお魚弁当が作れるようになりたいです。

> おいしく食べて元気になれる、頑張りすぎないお弁当。

▶ **2016/11/29**
3種おにぎりがうまくいった♪

秋

おにぎり3種（かぶの葉じゃこ、ポン酢鮭、自家製うめ）、豚ねぎ巻きの塩だれ焼き、白菜のオイスター和え、だし酢卵焼き、人参のバターきんぴら、ブロッコリー塩麹和え、なすのエスニックマリネ、高野豆腐の煮物、あやめ雪かぶの浅漬け

ご飯は基本、土鍋炊き。自家製梅干しもいい色になってきて予想外に3種おにぎりがうまくいって日本のお弁当的な感じを出せたかも、と自画自賛♪

▶ 2016/11/30　主人リクエストのくるみ味噌焼きおにぎり

くるみ味噌焼きおにぎり、白花豆の甘煮、紅茶豚、あやめ雪かぶの浅漬け、ほうれん草おひたし海苔巻き、だし酢卵焼き、人参のバターきんぴら

昨日はひとりで満足度高くなっちゃったから今日は普通に(笑)。「なにがいい？」って聞いたら「くるみ味噌」というので作りました。食べる人がおいしく思えないとね。紅茶豚はいつもインスタグラムのお友達が作ってたのでやってみた。お友達は「万能つゆ　味どうらくの里」っていうので味をつけてるそうだけど、私は「だし醤油」で代用。おいしくできました。そして、私の卵焼きはお酢入り！　卵L～LL 2個、おいしい酢（寿司酢のような味付きの万能酢）小さじ2、白だし小さじ1½。だし巻きのように、じゅわっとやわらかく、お酢のおかげで日持ちもします。

▶ 2016/12/05　野菜たっぷりの作り置き

紫キャベツのナムル、さつまいものレモン煮、醤油麹焼き豚、揚げないとんカツ、ゆでブロッコリー、人参のリボングラッセ、パプリカの塩麹マリネ、ゆでアスパラガス、ひじきのゆかり煮、根菜バターきんぴら、飾り切り（人参、ブロッコリーの茎）、ラディッシュの浅漬け、人参の甘煮、コールスロー、プチトマトのマリネ、もものすけ浅漬け（赤かぶ）、ゆでさやいんげん、食用菊の酢の物、かぼちゃマッシュ、ゆでほうれん草、だし酢卵焼き、春菊のごまよごし

作り置きしておくと、お弁当が彩りよく野菜をたくさん詰められる！　でもたくさん作るのがいいわけではないので、あと一品を既製品でなく手作りでという感覚で始めるとよいかも。きんぴらや佃煮、煮物など日持ちするものや、煮豆など、の何度も火を入れておいしくなるものを調理するのがポイントかな。

ごまをのせるために
ピンセットが必需品！

▶ 2016/12/07
肉巻きおにぎりを
竹かごのお弁当箱に

冬

肉巻きおにぎり、人参のリボングラッセ、コールスロー、かぼちゃとマスカルポーネのサラダ、根菜のバターきんぴら、さつまいものレモン煮、彩りスライス

竹かごのお弁当箱って詰めるだけで本当においしく見えてくるから不思議！ さつまいものレモン煮に、飾りのごまをのせるときはピンセットを使っています。

▶ 2016/12/08
今日のおべんは三色丼

冬

三色丼（鶏もも照り焼き山椒味、炒り卵、ほうれん草のあらびききな粉和え）、人参の甘煮、しいたけとねぎの南蛮漬け、トマトのマリネ、さつまいものレモン煮、もものすけ甘酢漬け

スーパーで「あらびききな粉」っていう、ピーナッツ和えに使うものくらいに砕いたのを発見。普通のごま和えみたいにしたら、ごまとはまた違った香ばしさがおいしかった！

▶ 2016/12/09 | ## 長男のバイト弁

冬

めかじきのチーズ大葉春巻き、食用菊のおひたし、パプリカの塩麹マリネ、ブロッコリー（下にマヨネーズ）、人参のリボングラッセ、プチトマトのだしマリネ、だし酢卵焼き

春巻きは栗原はるみ先生が白身魚の春巻きをやってらしたのを思い出し、調べもせずにめかじきとチーズと大葉で我流に作ったもの。それでもおいしくできました。かごのお弁当箱には、茶色のクッキングシートが必須です。花型人参は、作り置きのときにやると、地味に時間取られるんだけど、あるのとないのとでは全然違うのでいつも作っちゃいます。

かご弁当には
クッキングシートを
敷きます。

▶ 2016/12/13　今日のおべんはそぼろ丼

冬

そぼろ丼、金時人参の甘煮、さやいんげんのベーコン巻き、人参のみそきんぴら、みつばとカニカマのめんつゆ和え、赤かぶの浅漬け、白花豆の甘煮、オレンジカリフラワー下にマヨ、マイクロトマトと飾り切り

そぼろ丼っておいしくて大好きだけど、お弁当に見栄え良く入れるには、どうやったらいいのかなぁ。中途半端な小細工なしで、わっぱ弁当でおいしそうに詰められるようになりたいなあ。

▶ 2016/12/14　三角おいなりに苦戦！

冬

三角おいなり、なすの甘辛炒め、紫白菜とツナの柚子こしょう白だし和え、鶏つくね、赤かぶの浅漬け、小松菜のポン酢和え、人参のみそきんぴら、だし酢卵焼き、飾り切り人参2種

俵型でない、三角おいなりさん。初めて作った。昨夜作っといたんだけど意外に難しさを感じました。お揚げ、ちょっと厚めのやつを使ったら、詰めるとき、開きにくいったらない。そしてトッピングにごまでもってと思ったけど、やってみたら全然のっからず(笑)。結局、全部撤去したという。三角おいなりさんと格闘しました。

三角
おいなりさんと
格闘しましたー！

▶ 2016/12/18　モチッとしておいしい車麸！

たかこさん（InstagramID @tacotacomama）の手作りリース、飾り切り人参、飾り切り紅しぐれ大根、あやめ雪かぶの浅漬け、アスパラのパルメザンソテー、紅しぐれ大根の塩麹和え、めんつゆ酢うずら、助子（たらこ）の花煮、鶏肉のトマト煮、紫キャベツとかに缶のエスニックサラダ、栃尾揚げの大葉チーズ巻き、ゆでブロッコリー、人参のねりごま和え、かぼちゃの塩バター煮、クレソンの柚子中華和え、ホタテとパプリカのマリネ、ごぼうのバルサミコきんぴら、車麸の焼き肉だれソテー、里芋とベーコンのガーリックバター醤油、紫いもマッシュ、ゆであずき

今年は忙しくてツリーも出してないので全然クリスマス気分じゃなかったのだけど、クリスマスリースのおかげでうちもやっと楽しい雰囲気になってきた。車麸の焼き肉だれソテー、モチッとしておいしい！　うちでは車麸を見つけると、みんな喜ぶ（笑）。焼き肉のたれで食べるとほんとにお肉に思えてくるよ。

▶ 2016/12/19　今日のお弁はおにぎり2種

おにぎり2種（自家製梅ちりめん）、栃尾揚げの大葉チーズ巻き、クレソンの柚子中華和え、紫キャベツとかに缶のエスニックサラダ、人参のねりごまあえ、あやめ雪かぶの浅漬け、青海苔卵、里芋とベーコンのガーリックバター醤油、飾り切り人参

今日は四角いかごのお弁当箱です。意外と深く、おかずが見えなくなってしまうので半分くらい上げ底にしています。栃尾あげというすごく大きい油揚げを使って、お肉ではなく大豆製品で栄養を。

▶ 2014/12/20 ｜ 車麩丼でどぉーーん！

冬

車麩丼、ちょっと食べにくかったかな？（笑）

車麩丼、イワシの柔らか煮、人参のねりごま和え、紅しぐれ大根の塩麹和え、かぼちゃの塩バター煮、アスパラのパルメザンソテー、あやめ雪かぶの浅漬け、里いもとベーコンのガリバタ醤油、うずらのめんつゆ酢卵、飾り切り

車麩丼でどぉーんでございます。どうやって入れるか、考える気力なかっただけとかは内緒です。おいしいけど食べにくそう（笑）。大根の塩麹和えは、お砂糖を少し混ぜて、べったら漬けみたいな味付けに。飾り切りのひょうたん抜き型は「有次」さんで買ったやつ。ひょうたん型の卵焼きが作れる、有次さんの「瓢玉子」型は、値段におののいてやっぱり買えなかった（笑）。またいつか踏ん切りつくまでのお楽しみ。

▶ 2016/12/28 ｜ 今日のおべんは煮込みハンバーグ

冬

煮込みハンバーグ、あやめ雪かぶのフレンチマリネ、和風ポテトサラダ、アスパラのあらびききなこ和え、かぼちゃのおかか煮、れんこんの柚子こしょうバジル和え、食用菊のおひたし

旦那さん、仕事は明日までですが、最終日は毎年労いのお昼ご飯が出るので、今年最後のお弁当。ハンバーグにチーズをのせたかったけど、いつもよりかなりボリュームあるので、やめといた。来年も元気で頑張ってくださいの気持ちをこめて。

07

yunaさん
（@yuna921）
YUNA

▶ Instagram「@yuna921」

お弁当作りを開始する時間	お弁当作りにかかる時間
5時半	40分程度

福岡県在住の主婦です。お弁当や日々の食事には、緑黄色野菜やカラフルな野菜をできるだけたくさん使って、明るく華やかに。息子から「またあのおかず作って」「今日のおかず最高だった」なんて言われるとやる気がどんどん出てきます♪ 私の料理は母ゆずりの味。最近は母が作る料理と同じ味に作れるようになってきたのでとっても嬉しいです！

▶ご家族構成
夫、自分、長男17歳、長女7歳

▶お弁当へのこだわりを教えてください
なるべくカラフルなお野菜を使って彩りが良くなるように心がけています。

▶自分の作るお弁当の良いところを教えてください。
野菜もたくさん食べれるところ。

▶今後チャレンジしたいことがあれば教えてください。
つくりおきや冷凍を活用していきたい。

> できるだけ
> たくさん
> 野菜が
> とれるように♪

▶ 2016/04/27

チキンライス弁当

春

チキンライス、コーン入りコロコロハンバーグ、マカロニグラタン、卵焼き、しめじとピーマンのソテー、ウィンナー

最初はオムライスにしようと思っていたんです。でも時間がなくてチキンライスのまま詰めちゃいました（笑）。このスプーン、むすめと木工教室で作ったものです♪

▶ 2016/05/11 | オムライス弁当

オムライス、ハム巻きカイワレ、しいたけのチーズ焼き、海老フライ、カニカマ大葉の春巻き、紫キャベツのマリネ

今日のおべんとうはオムライス弁当♪ 卵には、ほんの少しだけ水溶き片栗粉を入れました♪ ケチャップは、小さなビニールに入れてビニールの角を少しカットしてから、生クリームを絞るみたいにしてかけてます。しいたけは、マヨネーズと醤油をかけて上からチーズをのせて焼いてます。カニカマは、生春巻きの皮で巻いてますよ〜。

ケチャップは、生クリームみたいに絞り出してます♪

▶ 2016/5/17
チーズハンバーグ弁当

チーズハンバーグ、ピーマンのベーコン巻き、ズッキーニのソテー、きゅうりちくわ、ゆで卵カップサラダ、人参のごま和え、花ハム

今日のおべんとうはチーズハンバーグ弁当♪ ハンバーグ、いつも大量に作って冷凍していますよ。チーズをのせるとカロリーが……って思うんですけどついついかけちゃいます（笑）。このゆで卵は、小さなナイフでジグザグにカットするだけで、かわいい卵に変身です♪

わたしが食べたかったメニューを作りました♪

▶ 2016/05/18
五目ちらし寿司弁当♪

五目ちらし寿司、チーズちくわの磯辺揚げ、がんもの煮物、焼き鮭、カニカマ大葉の春巻き、ウィンナー、しめじとズッキーニのソテー

今日のおべんとうは五目ちらし寿司弁当♪なーんにもお祝いごとはありませんが。山椒がとってもいい香り！わたし、山椒たっぷり入れたちらし寿司が大好物なんです。わたしが食べたかったので、今日のお弁当はちらし寿司にしちゃいました。

07:YUNA (@YUNA921)

▶ 2016/05/22 | 運動会のお弁当♪

エビフライ、塩サバ、野菜天の甘辛煮、ナポリタン、ミートボール、卵焼き、唐揚げ、ウィンナー、ベーコンチーズ春巻き、コーン、野菜の牛肉巻き、フルーツ

今日は小学生のむすめの、初めての運動会。むすめリクエストはミートボールとフルーツ♪ いつも息子ひとり分のお弁当作りだから、大人数のお弁当作りは大変でしたー(笑)。メニューは……簡単なおかずばかりを詰めてみました。真ん中にフルーツを置くと詰めやすかったです♪ 母ちゃんはお弁当を作ることくらいしかできないので、早起きして頑張りました。たくさん応援してきましたよ。むすめも楽しそうに頑張ってたからよかったです。

▶ 2016/07/05 | チキンロール弁当

チキンロール、ソーセージちくわの磯辺揚げ、カニカマとネギの卵焼き、ミートボール、かぼちゃの煮物おかかまぶし

今日はチキンロール弁当。鶏肉は均等の厚さに開いてフォークでブスブス刺して……野菜を巻いたあとはタコ糸でギュッと巻きます♪ タコ糸でぐるぐるぐるぐるひたすら巻いたらなんとかうまくできました。

2016/07/06 | しゃけ弁当

夏

焼き鮭、海苔巻きチキンの竜田揚げ、しいたけのチーズ焼き、赤ピーマンとベーコンの卵焼き、ポテサラハムサンドフライ、こんにゃくのきんぴら、かぼちゃの茶巾絞り、人参ラペ

今日のおべんとうはしゃけ弁当♪ 昨日……お弁当のお箸を入れるの忘れちゃって、息子に怒られました。「お母さんボケとるやろ！」って（笑）。食堂に行けばお箸もあるのかもしれないんですが、食堂まで取りに行く時間がなくて、つまようじで食べたそうです（笑）。今日はちゃんと入れなきゃ！

お箸を入れ忘れて、息子に怒られた日(笑)。

2016/07/12
つくね大葉巻き弁当

夏

つくね大葉巻き、しいたけのチーズ焼き、桜エビと青のりの卵焼き、さつま揚げの甘辛煮、ピーマンのベーコン巻き、焼き鮭、紫キャベツのマリネ、ひじきご飯

今の時期、大葉がお安いからついつい買っちゃう♪ 大葉の爽やかさが好き。それに大葉を巻くと彩りも良くなりますね。それにしても最近暑いので、お弁当を作ったら汗だくで食欲がなくなっちゃいます……。

夏はカレーだ！

2016/07/13
ドライカレー弁当

夏

ドライカレーゆで卵のせ、甘辛チキンバー、ハム巻きカイワレ、チーズと大葉のちくわ巻き、ナポリタン、海老のハーブソテー、焼き豚のペッパー焼き、紫キャベツと人参のマリネ、コーン、枝豆ピック

今日のおべんとうはドライカレー弁当♪ カレーは食欲アップしますからね♪ 夏はカレーだカレーだ！

07:YUNA (@YUNA921)

▶ 2016/10/15 | むすめと私のお弁当

チキンカツ、青のり卵焼き、しめじと赤ピーマンのソテー、ウィンナー、ミートボール、紫キャベツのマリネ、水菜のごま和え、コーン

むすめと私のお弁当。今日は行楽日和♪ 久しぶりに自分用のお弁当を作りました。朝の4時に部屋の中で虫の声がして飛び起きて、その流れでお弁当作りしましたよ(笑)。お隣の県までドライブしながらやってきました♪ むすめも楽しそう♪ むすめと外で食べるお弁当、最高でした。

▶ 2016/12/01 | 天むす弁当

天むす、しば漬け大葉のちくわ巻き、鶏せせりのハーブソテー、スパニッシュオムレツ、ぶりの照り焼き、ウィンナーコーン、ほうれん草と人参のおひたし

今日のおべんとうは天むす弁当♪ わたし、天むす大好きなんです♪ 子どもの頃テンション上がったお弁当は天むす弁当なの。息子もテンション上がってくれたかなぁ? たくさん作ったので今から爆食いします(笑)。お安い小さなエビですが(笑)。

子どもの頃
大好きだった
天むす弁当です♪

07:YUNA(@YUNA921)

▶ 2016/12/02　塩サバのっけ弁当

塩さば、鶏のから揚げ、ピーマンのおかか炒め、ひじきの煮物、ちくわかいわれ、ほうれん草のおひたし卵包み、ミニトマトのベーコン巻き

今日のおべんとうは塩サバのっけ弁当♪夜中寒いなぁって思ったら…窓開けっぱなしで寝てました。塩サバっておいしいですよね。ほんとは焼きたてを食べさせてあげたいけど……。脂がのった塩サバでした。

▶ 2016/12/16　サンドイッチとチキンカツ

サンドイッチ、チキンカツ、エビと大葉の春巻き、ミートボール、ピーマンとちくわの炒めもの、パープルフラワーのピクルス

サンドイッチのリクエストが来た！ あたしのサンドイッチ……具材も味も普通すぎますが、この普通のが、息子は好きらしいです。でもサンドイッチって意外と手がかかる〜！ 今日で2学期終わりですが、部活はあるし、午前中は課外活動もあるみたいで、まだまだお弁当作りは終わりません（>_<）とはいえ明日からは簡単なものでいいみたいなのでちょっと楽チン♪

サンドイッチって
意外と
手がかかる〜！

08

mikiさん
(@mikishi7283)

MIKI

→ Instagram「@mikishi7283」

お弁当作りを開始する時間	お弁当作りにかかる時間
6時40分	約40分

京都在住の会社員。夫と中高校生の息子たちにお弁当を作っています。食べたもので体は作られると言われていますので、家族の健康は私が担っていると自負しています。その日の体調や予定に合わせてお弁当を作る私、職場で洗ってきてくれる夫、帰宅して自分で洗う息子たち。「ごちそうさま」と渡される空っぽのお弁当箱を見ると、家族と私の思いを運んでくれる大切な宝物に思います。

家族の健康のために。野菜や魚を食べやすく。

▶ご家族構成
夫、自分、長男高1(16歳)、次男中2(13歳)、三男小4(10歳)

▶お弁当へのこだわりを教えてください
手作りのおかずを心掛けています。冷めたものをいただくので、脂が白く固まる肉料理はあまり登場しません。お弁当にしては魚が多いかもしれません。

▶自分の作るお弁当の良いところを教えてください。
野菜を多く摂るように心掛けています。食べにくい魚はほぐして豆鉢に入れたり、ご飯に載せたり混ぜご飯にしたりして食べやすくしています。

▶今後チャレンジしたいことがあれば教えてください。
和食党家族なのでそちらに偏りがちです。「お♪」と思える華やかなお弁当を作れるようになりたいです。

▶ **2016/01/13**

鍋の名残りが見えるよ弁当

塩鮭焼きほぐし、しそ巻き鶏つくね、塩蒸しかぼちゃ、かきのしぐれ煮、菊菜と白菜のお揚げ巻きなど

昨夜の鍋の名残りが見えるお弁当。白菜も春菊(こちらでは菊菜と言います)もお鍋の名残り。かきも、ふっくら炊けましたよ。昨日だましだまし使っていた洗濯機がウンともスンともいわなくなって買いに走りました。急な出費は痛いけど新しい家電にホクホクです。ピカピカを維持するぞ。うちは乾燥機を使わないので縦型洗濯機です。

▶ 2016/03/09 ｜ 息子の中学最後かもしれない弁当

桜ご飯、ぶぶあられ天ぷら（エビ・ささみ・大葉・赤ピーマン・白舞茸）、かにかま入り卵焼き、なばなおひたし、スプラウトの生ハム巻き

桜ご飯は、塩抜きした桜漬けを酒びたしにして炊きあがったご飯に混ぜ込んでいます。大根葉も刻んで混ぜると彩りや食感が良くなります。中3男子、なんやかやで今日がお弁当が最後みたいなので好きなおかずばかり持たせました。特にかにかま入りのだし巻き卵。入れたときには必ず「今日の弁当おいしかった！」って言うやつ。大人になっても思い出してくれるといいな。高校でもお弁当はいるし春休みも「置き弁」するんだけどね、ちょっと感慨深い。

大人になっても思い出してくれるかな？

▶ 2016/03/02
カラフルピーマンの肉詰め弁当　春

ピーマンの肉詰め、菜の花のからし和え、大根皮のきんぴら（貧乏きんぴら）、だし巻き卵、ゆで卵、ちくわにスプラウト挿したのん（ちくらうと）、紫キャベツ甘酢、ラディッシュに塩

ピーマンの肉詰めは、父の得意料理でした（存命よ）。私のピーマン好きは子どもの頃からで、小さい頃の思い出に、丸焼きしたピーマンに醤油をかけて種ごとむしゃむしゃ食う自分がいます……。大根皮の「貧乏きんぴら」と「ちくらうと」（ちくわにスプラウト）ですき間埋め。

ガガッと食べて部活頑張れー！

▶ 2016/04/23
食べやすさ重視ののっけ弁　

のっけ弁（塩鮭、だし巻き卵、鶏の照り焼き、小松菜のごま和え）

昨日の夜に「明日弁当いるよー」と言われて作ったお弁当。ガガッと食べて部活頑張ってください！　私の毎朝のだし巻き卵作りに欠かせないのが「まぜ卵（らん）」。刃が付いている棒で、黄身はコシのあるまま、白身だけを切るように混ぜることができる優れものです。

▶ 2016/04/30　タレを間に挟んだビビンバ弁当

人参ナムル、もやしナムル、チンゲン菜ナムル、だし巻き卵、肉そぼろ、ご飯の間にコチュジャンだれ（コチュジャン・醤油・ゴマ油）

練習試合の部活弁、ビビンバです。二段にしてタレと海苔と具、挟んでます。今日、息子の出た15分後に電話が。「ゼッケン忘れた！」彼が任された全員分のゼッケンが玄関に……慌てて身支度して、会場校まで30分車を走らせたよ。そしたらちょうど校門の前で、駅から歩いてきた息子たち集団に遭遇！　同じ格好した子が大勢いても我が子はすぐ見つけられる。タイミングばっちり♪　なんだか嬉しい母ちゃんでした。

▶ 2016/05/02　三種のおにぎりピクニック弁当

三種のおにぎり（薄焼き卵＆とろろ＆生ハムのおにぎり）、鶏の唐揚げ、かつおの唐揚げ、かにかまねぎ入りだし巻き卵、ブロッコリーおひたし

GWの中日。夫も私も休みにして、信楽焼の作家市へ行く予定です。陶芸の森にたくさんのお店が出てとても楽しい催しです。写真は夫婦のピクニック弁当。息子たちも同じ中身のお弁当でした。……が、予定は予定ですね。出る直前に、夫がギックリ腰に！　お弁当は家で食べました。

ピクニック弁当、
家で
食べました（涙）

ドボン鶏、しっとり、おいしいんです!

▶ 2016/05/12
ドボン鶏リメイク 春

鶏とたけのこの炊き込みご飯、ハタハタ一夜干し、厚揚げと生麩と野菜の炊き合せ、だし巻き卵　など

Instagramのお友達が名付けてくれた「ドボン鶏」で炊き込みご飯。鶏もも肉に焼き目を付けて脂を落としたら、タレ（酒、醤油、はちみつ、オイスターソース、しょうがが定番）にドボンと放り込んでひと煮立ち、後はタオルに包み発泡スチロール箱に入れて一晩の「ビンボー保温調理」。しっとりジューシーに仕上がります♪

▶ 2016/05/25
サバ味噌リメイクの そぼろちらし弁当 春

サバそぼろ、だし巻き卵、ほうれん草ごま和え、人参・ブロッコリーおひたし、ヤングコーン醤油焼き、浅漬けきゅうり、甘酢みょうが　など

一昨日の夕食、サバの味噌煮。実はあんまり家族に人気がなかったので、炒ってみりんと醤油で味付けし直したよ。これなら食べやすいかな。定期考査中の長男、パパッと食べて2時間だけ部活だそう。目指せ文武両道！

▶ 2016/06/16
アジの混ぜご飯と 子どもはがっつり鶏照りどーん

鶏の照り焼き丼（子ども）、だし巻き卵、ほうれん草と人参ごま和え、さつまいもの甘煮、きゅうりのぬか漬け、破竹とお揚げの煮物（夫）、鶏の照り焼き（夫にも少し）

アジの開きが残ってたからまた焼きました。甘酢みょうがとごまで味を変えて。子どもは、お弁当のときはご飯が汁だくになるのを嫌がるので海苔を挟みました。タレを受け止めてくれることを期待。

▶ 2016/09/14
エビのぶぶあられ揚げ弁当

エビのぶぶあられ揚げ、ちくわの磯辺揚げ、かぼちゃ、とうがらしの素揚げ、タコと里芋の煮っころがし、だし巻き卵、オクラのおかか和え

昨夜はカレーライス。当然今朝は朝カレー。ルウを盛ろうとしていたら、調理台に寄ってきた長男。既に手にスプーン。あらせっかちねぇと思ったら器からヒョイッとタコを口に入れよった。「久しぶりだねぇ煮っころがし」。お行儀悪いけど、つまみ食いされるのってちょっと嬉しい。

▶ 2016/10/03　サンマのかば焼き丼

秋

サンマのかば焼き丼、だし巻き卵、切り干し大根煮、ほうれん草のごま和え、さつまいものバター焼き、かまぼこ梅肉はさみ、生麩

―――――――――――――

一昨日スーパーへ行ったら、軽快な音楽と共にアナウンス……「もうすぐクリスマスですね」気ぃ早すぎるやろ――！8月は「主婦は地蔵盆が終わったらおせちの段取り」ってパンフレットも渡されたし、みんな大変だなー。
サンマは塩焼きが一番好きなんだけど、お弁当にはちょっとね。しそを巻いてソテーしようかと言ったら次男が心が踊らない、ですって。これならどーだ!?

▶ 2016/10/09　下ごしらえをやり切りました

秋

里芋とタコ（煮物にします）、生スジコ（800gのイクラ醤油漬けに）、本鯛（お造りで食べてアラが残った）、サンマ（とりあえず下処理）、小アジ（45匹を3枚おろしに）

―――――――――――――

昨日はおじいちゃんたちを呼んで手巻き寿司。下ごしらえしといたので料理に取り掛かるのが億劫にならずにすみました！アジは骨せんべいが大人気なので必ず作ります。この他に小鯛や笹カレイ、シシャモにうるめ、ちりめんじゃこ、タコ、無着色明太子。マグロ、かつお、ハマチ、ツバス（ブリ）など……。下ごしらえとか作り置きとかって、やりきった感が得られる！

下ごしらえで
やりきった
感じ！

▶ 2016/10/29
楽しいイベントを
させてもらっています

秋

おにぎり、鶏の塩麹唐揚げ、具だくさんのスパニッシュオムレツ、れんこんとかぼちゃのソテー、オーロラドレッシングのサラダ、柿

今週もうつわの店・陶芸教室・カフェ「HOTOKI」さんで、楽しい企画をさせてもらっています。素敵なうつわに普段のおかずを盛り付け♪ いつもとは違った雰囲気が楽しいなぁ。

野菜ちくわ肉巻きはいつも大好評！

▶ 2016/11/02
モチベーションが
上がらないとき

秋

野菜ちくわ肉巻き、だし巻き卵、きんぴらごぼう、チンゲン菜のごま和え、大根葉とじゃこのふりかけ、焼きはんぺん、紫いも茶巾

お弁当作りってモチベーションに波があると思わない？ いつも寝る前にだいたい考えておくんだけど、胸がときめかないー！ 困ったときは、ちくわに野菜を突っ込んでお肉を巻きます。

次男はオクラのごま和え好き♪

▶ 2016/11/17
これが入ってたらOKのおかず

秋

塩鮭菊花のっけごはん、野菜ちくわ肉巻き、結びコンニャクと厚揚げの炊いたん、だし巻き卵、ブロッコリーおひたし、オクラのごま和え、赤かぶ漬け物

今日は次男、帰宅して、アレ入れないでって言うんだろうなぁ。赤かぶ漬け。でもアレおいしかったとも言うんだろうなぁ。オクラのごま和え。……切り昆布の炒め煮や大根の煮物で小躍りする子です。コレ入れといたらいいやっておかずがあると気が楽だよね。

▶ 2016/11/21
野菜がたくさん食べられる
スパニッシュオムレツ

秋

塩麹唐揚げ、スパニッシュオムレツ、芋天（子どものみ）、ブロッコリーおひたし、焼き野菜、かまぼこ

具だくさんのスパニッシュオムレツは家族に野菜を食べさせるのにおすすめ。じゃがいもと玉ねぎをオリーブオイルで揚げ焼きしたのは必須、あとは人参、ほうれん草、ピーマン、ブロッコリーなど片っ端から入れて塩こしょう、牛乳少々で味付け。フライパンでじっくり焼きます。

09

嶋田佐知子さん
（@shimada_sachiko）

SHIMADA SACHIKO

➡ Instagram「@shimada_sachiko」

お弁当作りを開始する時間	お弁当作りにかかる時間
6時30分	10分～30分（前夜の準備を除く）

次男に高校初日の弁当を「ミジメ」と評されたことがきっかけで弁当作りに目覚めました。息子たちの卒業後は、高校生弁当の「ついでに」始めた夫の弁当作りを継続、今はメタボ中年弁当の作り手です。昔の料理本に書かれていた「料理はレクリエーション」の言葉に感銘を受け、遊びのこころをもった弁当作りを目指しています。息抜きは週に1度の昭和弁！

お弁当作りは「遊びのこころ」をもって。

▶ご家族構成
中年夫婦ふたり暮らしにネコ3匹。社会人2年目の長男と大学4年の次男はそれぞれ別に住んでいます。

▶お弁当へのこだわりを教えてください
男の弁当はいろいろチマチマ詰めなくてヨシ！ メインおかずプラス2、3品で潔く！その分詰めるのだけは少し丁寧に。

▶自分の作るお弁当の良いところを教えてください。
いつも冷蔵庫に入っているような食材でできる。／前夜のおかずの取り置きやそのアレンジで簡単にできる。／定番おかずを詰め方の工夫でおいしそうに。

▶今後チャレンジしたいことがあれば教えてください。
彩り鮮やかなお弁当はもう卒業、健康にも気を遣った渋かっこいい大人弁当を目指したい。

▶ 2016/04/22

昭和弁当
卵屋の恵子ちゃん

春

毎週金曜日は「昭和弁」を作っています。今日は、目玉焼き。小さい頃なかよしだった恵子ちゃんちは、卵屋（つまり養鶏場？）。ある日恵子ちゃんのお父さんが家にひよこを持ち帰ってきた。ひよこはとってもかわいくて私は恵子ちゃんが心底うらやましく、うちにもひよこが欲しいと母にねだったものだ。しかし、ほんのわずかの間に、かわいかったひよこはどんどん育ち、トサカが生え、白い羽根が混じり、にわとりともひよことも言えない奇妙な姿に。それを見たときの衝撃……！ そしてその時、わたしも少しオトナになったのだ。……「恵子ちゃんちから卵をもらったから、今日の目玉焼きはひとり2個だよ！」得意気に母が言ったか言わなかったか？ いろいろ妄想がふくらむ目玉焼き。

▶ 2016/05/23
スパムむすび弁当

スパムむすび／玉子焼き×きゅうり（スパムは照り焼き）、梅干し×しそ（ご飯の間にフリカケとたくあん）、グリーンサラダとマカロニサラダ

こないだのハワイでたくさん買ってきたスパム、とうとう最後の1個を開けました。最後の1個は、わたしの好きな味の上位に入るブラックペッパー！

▶ 2016/07/01
昭和弁当「星一徹弁当」

金曜日は昭和弁。名付けて「星一徹弁当」。以前Instagramにこの弁当を載せたら、「東京オリンピックの夜なべ仕事に持っていくやつですね」とコメントしてくださった方がいた。そう、昭和39年の東京オリンピック前夜は五輪景気の建設ラッシュ、高度成長期のただ中の日本。あれから50年あまり、2回目の東京オリンピックを前にした平成の星一徹は、工事現場にどんな弁当を持っていくのだろう。

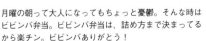

▶ 2016/07/11
ビビンバ弁当

月曜の朝って大人になってもちょっと憂鬱。そんな時はビビンバ弁当。ビビンバ弁当は、詰め方まで決まってるから楽チン。ビビンバありがとう！

▶ 2016/07/15
昭和弁当　オムライス

金曜日は昭和弁。子どもみたいなお弁当を持たされて会社でちょっと照れてる、高度経済成長期の企業戦士のおとうさん（七三分け）を想像……。ダンナはこんな弁当にももう慣れてるからへっちゃらだと思う。多分（笑）。

▶ 2016/07/20 | 梅ひじきのおにぎり弁当

夏

梅ひじきのおにぎり、シシャモ、かぶと
きゅうり浅漬け、ズッキーニ入り卵焼き、
なすの味噌炒め

次男が帰省していて、久しぶりに若者モードの家ご飯になっているので、弁当はオヤジ向けで（笑）。なすは、油で揚げたり炒めたりするときに、皮のほうを下にして先に油に入れます。そうすると色鮮やかに仕上がるって何かで読んで以来そうしてます。

なすは
皮のほうを先に
油に入れると鮮やか！

▶ 2016/09/02 | 昭和弁当　シャウエッセン

秋

金曜日は昭和弁。子どもの頃、それまで食べたことのなかった食べものがいろいろ登場してきた。それらを初めて食べたときの衝撃と感動（ものによっては違和感……）は忘れられない。自分の成長と日本社会、食文化の発展がリンクしているようにも思う。わたしにとっての衝撃の味といえば、ピザトーストではない本格ピザ（ピザハットとかの）、甘くないブルガリアヨーグルト、回転寿司、フルーチェ、そして、シャウエッセン。

シャウエッセンの
衝撃……！

▶ 2016/09/20
アジごはん弁当

アジごはん、卵焼き、肉じゃがさつま、舞茸天ぷら、甘長とうがらし醤油焼き

アジごはんは焼いたアジの干物を米にのせて炊き、炊き上がったら身をほぐして混ぜる。サンマではよくやるけど、アジでもうまーいよ！「肉じゃがさつま」というのは、肉じゃがに、じゃがいもとさつまいも両方入れるんです♪ さつまいもも甘くておいしいよ。

▶ 2016/10/21
昭和弁当　味噌おにぎり

わたしにとって懐かしい昭和のこども時代の思い出のひとつに、味噌おにぎりがある。白ご飯を握ったところに味噌をぬりたくっただけのやつ。前に書いた、卵屋の恵子ちゃんちに遊びに行くと、恵子ちゃんのお母さんがおやつに作ってくれたのだ。おにぎりといえば塩のしか食べたことがなかったので、とてもおいしかったのを覚えている。こどものおやつに味噌おにぎり…そんな時代だった。

▶ 2016/10/27
おかかごはん
味玉おにぎり弁当

おかかごはん味玉おにぎり、玉ねぎとにんじんかき揚げ、ししとう素揚げ、かぼちゃ煮、きのこのマリネ

味玉おにぎりは、ごはんの真ん中をくぼませて握って、そこに卵を入れてからラップで形を整えました。難しかった！ でもこれ、食べるとき絶対、卵が外れる……。

▶ 2016/11/08
舞茸おこわのおにぎり弁当

舞茸おこわのおにぎり、卵焼き、ホソヤミートのシュウマイ、菊の酢の物、柿

舞茸おこわは、後で混ぜるだけなのでお手軽！ ほぐした舞茸、1センチ角ほどに切った鶏モモ肉を砂糖と醤油、みりんで甘辛く煮て、炊飯器で炊いたもち米に混ぜこむだけ。具はしっかり目に味付けしたほうがおいしい！
紫の食用菊「もってのほか」は、さっとゆがいて酢の物で。

▶ 2016/12/02　昭和弁当　カツ丼

金曜日は昭和弁。「おとうさん、今日はボーナス日ね！　カツ丼奮発しといたよ!!」……昭和のお父さんみたいに「給料袋に現金、奥さんに手渡し」したほうが、家族に存在感示せると思う…（笑）。

> おとうさん、今日はボーナス日ね！（笑）

▶ 2016/12/05　サンマ梅煮弁当

サンマ梅煮、れんこん落とし揚げ、ひじき入り卵焼き、柿と赤かぶのマリネ、松前漬け

激安サンマを見つけるとつい作りたくなる梅煮。今年はそろそろおしまいか。サンマは重ならないように鍋に並べて、アルミホイルを落し蓋にして、触らないようにして煮ます。ちなみにわたしは圧力鍋持ってないので、フツーの鍋で1時間くらい煮ています。

> サンマは、鍋で1時間煮ます！

▶ 2016/12/08
ひじきおにぎり弁当

ひじきおにぎり、ほうれん草アーモンドバター和え、舞茸天ぷらの甘辛焼き、里いも柚子味噌のせ、卵焼き

ハワイのスーパーで買ってきたアーモンドバター。丸のままのアーモンドを売り場で挽いてバターにします。パンに塗ってたべるほか、ねりゴマみたいに料理にも使えます。

▶ 2016/12/09
昭和弁当
卵2個で豪華卵焼き弁当

金曜日は昭和弁。卵2個で豪華卵焼き弁当。卵は「物価の優等生」なんて言いますが、昭和30年代初めには現在の価値に換算すると10個パックで1000円もしたそうですよ。やっぱり高級品だったんですね。
そんな高級品をどうして2個も使えたかって言うと、卵屋の恵子ちゃんのところから卵をたくさんもらったからでーす（←妄想）。

ピンクペッパーが飾りたかった(笑)

▶ 2016/12/26
ローストポーク丼弁当

ローストポーク丼、カマンベール入りポテトサラダ、ゆで卵

ローストポークのソースは肉汁にバルサミコと醤油と砂糖で適当に作ったもの。ポテトサラダにどうしてもピンクペッパーが飾りたくて、隣町の百貨店まで買いに行ってしまったわたしは、かなりInstagramに毒されてますよ。

▶ 2016/12/28
オムライス弁当with
アンティエブラックペッパー

オムライス、アンティエブラックペッパー

「たいめいけん」のタンポポオムライス風……。オムレツをきれいに作るのは難しいね。実はラップで形を整えてる。中身がとろっと出てくるかどうかは神のみぞ知る。別添えケチャップ玉はつまようじでプスっと穴を開けてかけてね！

10

りえべんさん
（@rieshealthycooking）

RIEBEN

➡ Instagram「@rieshealthycooking」
「りえべん made in Norway」
https://riesbentoandcookingjapan.wordpress.com

> 北欧の寒さに負けない！ヘルシーで楽しいお弁当。

お弁当作りを開始する時間
だいたい朝7時半頃

お弁当作りにかかる時間
45分ぐらい

結婚を機にノルウェーに来て、今年で27年目です。石川県金沢市出身で、結婚するまでは東京でノルウェー大使館に勤務していました。海外在住者向けのお弁当コンテストに入賞したことを機に、6年前からSNSで毎日お弁当を紹介しています。料理やパン作りが大好きで、北欧の寒さに負けないようなヘルシーで楽しい食生活をしたいと思っています。

▶ご家族構成
夫、自分、娘25歳の3人家族です。

▶お弁当へのこだわりを教えてください
体も心も元気になるお弁当を楽しく作り続けたいと思っています。

▶自分の作るお弁当の良いところを教えてください。
野菜を多く使っていること。作るお弁当の種類にバラエティがあること。

▶今後チャレンジしたいことがあれば教えてください。
ノルウェー料理をベースにした、お弁当に合うおかずを作ってみたい。

▶ 2015/11/01

イタリア風ミートボールのレシピ

秋

イタリア料理が大好きです。以前にフィレンツェにあるイタリア料理のお教室で学んだレシピをアレンジしてみました。材料は、豚ひき肉400グラム、牛ひき肉400グラム、玉ねぎみじん切り1個分、ニンニクのみじん切り2片分、パセリのみじん切り大さじ3、パルメザン粉チーズ75グラム、塩小さじ1、黒こしょう少々、ナツメグ少々、卵1個。……よく混ぜて、ピンポン球くらいに丸めて、オリーブオイルを敷いた耐熱容器に並べ、オーブンで焼く（200度で10分、180度に下げて25分）だけです。

▶ 2015/11/02

ミートボール入りの幕の内風お弁当

 冬

去年行われた調査によると、ノルウェーの国民の64％が一日に一回、平均1時間40分ラジオを聞いているそうです。私も64％のひとり。今日も朝起きて一番にラジオをつけ、ラジオを聞きながらお弁当を詰めます。

今日は職場でランチミーティングがあって、お弁当仕出しの日。「ザ・ジャパン、幕の内弁当」風に仕上げました。

「ザ・ジャパン、幕の内弁当」風に♪

ほとんど野菜。ヘルシーサンドイッチ！

ようやく朝 明るい季節がやってきた！

▶ 2016/01/26

三角サンドイッチ

 冬

今日のカラフルサンドイッチ。具は全部で11種類。レタス、ルッコラ、赤軸ビーツの葉、スプラウト、黄色いミニトマト、赤玉ねぎ、きゅうり、ロースハム、ゆで卵、人参のラペ、チーズ。こう書いてみると、ほとんど野菜だった！ヘルシー！パン三枚の間に具を入れて、対角線でふたつにトン！と切ったらできあがり！ お弁当箱はシンプルな野田琺瑯。キウィといちごも添えて。

▶ 2016/02/19

お弁当の写真を撮る季節

 冬

豚肉のソテーとベアルン風のソース（フランスのステーキソース）、半月半熟卵、オクラのねぎおかか和え、バルサミコ酢がしみた芽キャベツのソテー、茹でいんげん、茹でカリフラワー、しめじのソテー、ざくろポロポロ

冬の朝は、とても暗くて、写真を撮るのに苦労します。でもやっとオスロも明るくなってきました！お弁当の写真を撮る季節がやってきました！

10:RIEBEN (@RIESHEALTHYCOOKING)

▶ 2016/04/11 | じゃがいものポタージュスープ弁当

バゲット(レタス、ハム、チーズ、ラディッシュ、スプラウトをはさんで)、ほっこりじゃがいものポタージュ

最近流行りのパン屋さんで、おいしそうなバゲットを買いました。ほっこりと癒されるポタージュと私好みのガリガリッとしたバゲット。じゃがいもをやわらかーく茹でたら、茹で汁を少し捨てて、牛乳と生クリームを足して、ハンドミキサーでポタージュに。ベーコンのカリカリとイタリアンパセリをトッピング。うん、お腹もほっこりしたよ。

ガリガリッとしたバゲットが好み!

▶ 2016/04/27 | 弁当は体を表す?

4つのコロンとした変わりおにぎり(味道楽のふりかけ、明太子、梅干しに海苔、昆布の佃煮におぼろ昆布巻き)、鶏の竜田揚げ、レモン、赤ピーマンのきんぴら、ほうれん草のごま和え、卵焼き、ラディッシュ、ブロッコリー、熱い緑茶

素敵なお弁当の写真を見るのが大好きです。GoogleやInstagramで、海外で作られている"OBENTO"と日本の"お弁当"を見比べるととても勉強になります。いいなと思ったお弁当をピックアップしていくと、アトランダムにピックアップしたつもりなのに、作った人が同じだったりして驚くことがあります。やっぱりお弁当には作った人が映るんでしょうかね。Facebookに「おいしい写真教室」という料理写真専門の投稿サイトがあり私もよく投稿するのですが、「りえさんのお弁当は見ただけでりえさんのお弁当とわかるようになってきました。」という嬉しいコメントをもらいました。私にはわからないけれど、どこかに私が映っているのかしら?

主人もほめてくれました!

浅漬けがおいしいです♪

▶ 2016/04/30

水入り卵焼き

春

今日は和食のプロの方がおすすめしているレシピで、卵焼きを作ってみました。卵3個、砂糖大さじ1、薄口醤油小さじ1、そして水50㎖。お水が入るんですねぇ。ちょっとびっくり。半信半疑だったけど、やってみてよかったです。しっとりした卵焼きができましたよ! 主人もおいしいと言ってくれました。

▶ 2016/09/23

浅漬けマイブーム夫婦弁当

秋

最近浅漬け作りにはまってます。100円ショップで買ったバネでぎゅーっと押す浅漬けの容器に、かぶはちょっと葉っぱも入れて、唐辛子も入れて。すぐ漬かるから便利ー! 今日は2人とも秋田杉のわっぱのお弁当箱です。しばらく使わないと空気の乾燥してるノルウェーではカランカランになるけど、何日か続けて使っているとなじんで、ツルツルになってきました。さわると気持ちいい! 適度に水分を与えるのがいいのでしょうね。

買ったらちゃんと使い切ろう!

▶ 2016/12/07

冷蔵庫にある野菜を使って焼きそば

冬

フランスではスーパーマーケットが賞味期限の切れた食品を廃棄することが法律で禁じられたそうですが、ノルウェーも同じような風潮になっています。食品廃棄物を焼却するときに出る二酸化炭素を削減するためらしいです。今日は私も食品廃棄削減を意識して、冷蔵庫にある野菜で焼きそばにしました。買ったらちゃんと食べきるようにしなくては。

▶ 2016/12/14

主人がサンドイッチを買ってきてくれました

冬

昨日は忘年会で遅くなり、睡眠時間が4時間でした……。それで今日は朝から頭がボーっとして、お弁当も作らず朝ごはんも食べず出ていったら、私の職場の近くに用事があった主人がサンドイッチを買って届けてくれました。なんと優しい。ブリーチーズの大きなスライスにレタス、サラミ、トマトときゅうりが入って、おいしかったです。

▶ 2016/12/20 | 夜明けのサンドイッチ

サンドイッチ（胚芽パン、ゆで卵、ハム、チーズ、チーズスプレッド、レタス）、りんごとヨーグルト、温かいココア

昨日は、お友達へのクリスマスプレゼントとしてリクエストされたパイ皿を買いに行ってました。最近は仲の良い人にはご本人に欲しいものを聞いてそれを買って贈るようにしています。そしてそのパイ皿を使って作れるキッシュやアップルパイのレシピをコピーして、プレゼントに添えようと思いまーす！
さて、今朝は夜明け前からサンドイッチを作りました。まだ外は真っ暗で、お日様が昇ってくるまでレタスを洗ったり、ゆで卵を作ったりしました。だんだん外が明るくなってきたらパンにはさんで、夜明けとともにパチリ。

▶ 2016/12/29

トリプルパンは欠かせない！

赤ピーマンのきんぴら、しいたけの照り焼き、卵焼き、ソーセージ、刻み紅しょうがのおにぎり、お味噌汁（豆腐、大根、玉ねぎ、人参、ねぎ）、きゅうりの酢の物（スライサー使ったよ）

私がお弁当を作るときに愛用しているトリプルパン。フライパンに仕切りがあって、一度に3つの焼き物ができるすぐれものです。お弁当のおかずが同時にいくつもできるのはすごいと思うんです。欲を言えば、いつかこの3つのうちのひとつが鍋みたいになってて、深さがあって煮物とか揚げ物もできるようになったら最高！　なーんて夢見てます。

トリプルパンを愛用！

▶ 2017/01/02

キッチンでの
撮影風景

カニとオクラのちらし寿司、おせち料理のおかず、紅白なます、だし巻き、昆布巻き、煮豆、里いもと人参の煮物、いんげんの煮物、鶏しんじょう

毎日、お弁当や朝ごはんや手作り小物の写真を撮っています。Nikonのカメラで、いつものようにお弁当の写真を撮り、「こっち向きがいいかな？」パシャ。「あっち向きのほうがいいかな？」パシャ。ってな感じでやってました。

10枚くらい撮ったところで、脚立の上からアラが見えてくる。今日も飾り串梅が重なってるのと、豆が一粒昆布巻きの横に落っこちてるのに気がつき、脚立から降りて、チョコチョコっと直し、撮影が終わったのでした。

▶ 2017/01/04

花弁のお弁当
＠オスロ

（「情熱大陸」風に）北欧オスロ。この北の端の国で弁当を作っている日本人がいるという。なぜ弁当なのか？　我々番組スタッフはこの謎を解きに一路オスロに向け出発した。長いフライトを終え、我々スタッフを迎えてくれたのが、謎の弁当ブロガー、りえべんさん。
彼女は弁当を作る。
普段は通勤弁当だが、時折スイッチが入ると花を分解して研究し、花の形の弁当作品を作り、「花弁」と名付けてFacebookに出している。今、パンジーの花弁当を作っている彼女は、壁にぶつかっているという。なすやレモンの皮で花はできたが、中心のグラデーション部分をどうやって作ろうか。3日、考えた。あきらめかけた。取材班の半分は帰国した。4日目、ふと寄ったスーパーで、ズッキーニを見つけ「これだ！」と思った。1本買って、家でそっと皮をむいてやってみた。りえべん作、パンジー弁当の完成だ。……なんか変なスイッチが入っちゃいました（笑）。

11

渡邊優輝さん
(@Yuukitohikari)

YUUKI WATANABE

➡ Instagram「@Yuukitohikari」

> ムリなく
> ゆるーく。
> 作れるときは
> 愛情たっぷりで。

お弁当作りを開始する時間	お弁当作りにかかる時間
5時30分〜6時	約20分

福島県で仕事をしながら子育て中。娘はまだ小さいので、家事と仕事はゆるーく。……なので無理しないお弁当。面倒なときは、コンビニでお願いします(笑)。作れるときは、愛情たっぷり野菜たっぷりで。

▶ご家族構成
夫・娘2歳

▶お弁当へのこだわりを教えてください
彩とバランス。夫の好きなものを必ずひとつは入れています。夫の仕事上、夕食弁当になるときもあるので、そのときは夜ごはんに食べたいと思うおかずやバランスを考えています。

▶自分の作るお弁当の良いところを教えてください。
余裕のあるときはスープやフルーツをつけてプチサプライズ。夫は会社でお弁当を温めて食べているので、漬け物は別容器に入れます。少しの気遣いを大事にしてます。

▶今後チャレンジしたいことがあれば教えてください。
丼弁当を豪華できれいに盛り付けしたい!／味のある古風なお弁当を雰囲気良く詰めたい!／高いけど、わっぱのお弁当箱が欲しい!

▶ 2015/06/14
ガパオライスべんと　夏

朝寝坊した日の朝、前夜の仕込みも全然してなくて。急いでいても、簡単に野菜が豊富にとれるメニューにしました。夫、プチダイエット中らしいので、大きめサラダに。

▶ 2016/06/16　カレーピラフべんと

今日はカレーピラフ。うちは作り置きはしていないので、副菜は、夜ごはんで余ったものや、それをリメイクしたりしてお弁当に使います。ランチボックスは、紙製の使い捨て。100円ショップのセリアで購入して、ストックしてます！

ほっこり厚焼き卵サンド♪

▶ 2016/06/29
ふわふわ厚焼き卵
サンドべんと　　　

これ持って、友達のかわいい赤ちゃんに会ってきます♪
ふわふわの卵焼きは、牛乳、砂糖、塩、マヨネーズを入れて作ってます。パンにはマヨネーズとからしをぬりました。卵サンド、ほっこりしますよね♪

お母さんの好きなとうもろこしごはん♪

▶ 2016/07/07
夫べんととお母さんべんと　

豚焼き肉、だし巻き卵、ちくわの磯辺揚げ、ほうれん草のおひたし、ごぼうの土佐煮、ふわふわ揚げ、ほうれん草と人参のナムル

実家のお母さんの大好きなハンバーグを入れてサプライズ弁当。お母さんにはとうもろこしごはん。前においしいって喜んでたので。冷凍しといてよかった！

▶ 2016/07/22 　夫べんと。ささみの大葉チーズ巻きフライ

ささみの大葉チーズ巻きフライ、ソーセージ、ゆで卵、大葉の和風スパ、ブロッコリーとコーンのスパゲッティマヨサラダ、ごぼうの土佐煮

ささみの大葉チーズ巻きフライ、おいしいですよね。私も食べたかったです(笑)。スパゲッティサラダを入れるときは、娘用の小さいフォークが重宝。くるくる巻いて入れるとまとまり、きれいです！

小さいフォークで
巻くと
いいですよ♪

▶ 2016/09/14 　夫の夕食べんと。大葉チーズチキンフライ

大葉チーズチキンフライ、だし巻き卵、明太マヨパスタ、茹でブロッコリーとトマト、パンプキンスープ

夕食弁当なので、パンプキンスープもつけました。大きなかぼちゃをいただいたので、昨日大量にスープを作っちゃいました。かぼちゃがめちゃ濃い色で、きれいな色になりました。

大量に
スープを
作りました！

▶ 2016/09/15　ふわふわ卵のサンドイッチべんと

ふわふわ卵ときゅうりのサンドイッチ、ソーセージとれんこんのフライ、枝豆とミニトマト

ふわふわ卵は、卵2個にマヨ大さじ1、砂糖小さじ1、塩少々、生クリーム大さじ1を入れたら、良く混ぜ合わせ、オイルを入れたフライパンに弱火で温め、卵を入れたら、端の固まったところから、ゴムベラで真ん中に持っていくように形を整え、表面は生でテカった状態で火を止め、あとは余熱で！　硬さはお好みでーす！パンにはマヨと和がらしを塗ってふんわり挟みました。

ちくわチーズ焼きはトースターで

▶ 2016/09/25
日曜べんと。
スコッチエッグ　　秋

スコッチエッグ、ちくわのチーズ焼き、サラダ

ハンバーグのたねで仕込んでおいた、スコッチエッグ。昨日残りのサラダとちくわのチーズ焼き。ちくわのチーズ焼きは、ちくわを縦半分に切り、溝に細く切ったスライスチーズのせて、トースターで焼きます♪

夫のために、カラフルに

▶ 2016/09/26
夫の夕食べんと。
ピーマンとパプリカ肉詰め　　秋

ピーマンとパプリカの肉詰め、ゆで卵とブロッコリー、ソーセージ、あとは昨日残りのもやし炒めと、ひじき煮

夜働いてる夫が、開けたときにハッピーになるような、カラフル弁当にしました。

▶ 2016/10/06 　夫べんと。鶏つくね

鶏つくね、ちくわのきゅうり詰め、だし巻き卵、高野豆腐の煮物、ソーセージ、もやしときゅうりとかにかまのごまマヨ和え

もやしときゅうりとかにかまのごまマヨ和えは、白いりごま、砂糖、マヨネーズ、ポン酢で和えました。小さなカップに入れてます。悪い顔して、邪魔しようとしてる娘の手が……（笑）。

▶ 2016/10/07 　夫べんと。豚バラ巻き

ピーマンとエノキの豚バラ巻き照り焼き、味玉、ミニトマト、ちくわのチーズ焼き、マカロニサラダ、さつまいもの煮物

夫は、プチダイエット中なのでこの量です。ごはんとおかずの間には、クッキングシートを挟んでます。お弁当の感じに合わせて使い分けると、彩り・雰囲気も良くなります。

▶ 2016/10/09 　夫の夕食べんと。肉団子

肉団子の甘酢あん、いんげんのごま和え、ゆで卵、ソーセージ、黒豆煮、市販のカニカマのマヨ和え

昨日、肉団子のスープを作ったとき、お弁当用に5個だけ揚げておきました！今日は甘酢あんにからめて、ごまパラパラ。肉団子とかハンバーグのタネって、せっかくこねるんだしーと思うと多めに作っちゃいますよねー（笑）。

肉団子は
多めに
作っちゃいます！

▶ 2016/10/20
娘の朝ごはんと夫べんと　秋

豚そぼろごはん、目玉焼き、味玉、オレンジ、柿、昨日の残り物

私が愛用しているのは、100円ショップ（セリア）のシンプルな四角いお弁当。四角いのが一番詰めやすいし、ごはんとおかずが一緒だとごはんを最初に盛り付ければ、壁になってくれるので、おかずが詰めやすいです！　最近遊び食べがひどい娘〜。むちむちおててで失礼しました。

しめじ巻きもいいですよ♪

▶ 2016/11/11
夫べんと。
しめじの豚バラ巻き　秋

しめじの豚バラ巻き照り焼き、ブロッコリー、ちくわきゅうり、和風スパ、甘い卵焼き

最近、トマト、きゅうりが高いですよねー。野菜は安いのばかり選んで買ってます。豚バラ巻き、エノキは食感がいいですが、しめじもボリューム出ておいしいです♪お弁当はボリュームあるほうがいいですよね♪

11:YUUKI WATANABE (@YUUKITOHIKARI)

12

りえさん
(@riesola_02)

RIE

➡ Instagram「@riesola_02」

お弁当作りを開始する時間	お弁当作りにかかる時間
だいたい **6時半**くらい	**30分**前後。詰め方に迷うとさらに時間が……。

大阪在住40代前半、結婚と同時に始まった大工の夫へのお弁当作りは20年目になります。季節によってきつい現場仕事。夫のたっての願いで夏は主に麺弁当、冬は保温弁当です。計画的に準備するのが苦手で、基本あるものでやりくり。お弁当に使えるものはないか、毎日食事の支度をしながらアンテナ張っています。小さな工夫と、夫の反応が日々楽しみなお弁当作りです。

▶ご家族構成
夫、自分、長女9歳、次女3歳

▶お弁当へのこだわりを教えてください
味や食感のバランスに気をつけています。大盛りごはんを最後までおいしく食べてもらえるよう、漬け物やふりかけ、佃煮などの常備菜も手作りしています。

▶自分の作るお弁当の良いところを教えてください。
お金をかけずにボリューム感や食べごたえを出す工夫をしているところ。

▶今後チャレンジしたいことがあれば教えてください。
無器用なため、きれいに詰めるのが苦手で時間がかかるので、パパッとおいしそうに詰められるようになりたいです。

> 夫の反応を日々楽しみに作っています。

▶ 2016/03/23

イワシフライの海苔弁

春

イワシのフライ、ちくわの磯辺揚げ、大根の皮のかき揚げ、卵焼き、れんこんのきんぴら、母のかぶらの千枚漬け、海苔＋麺つゆのだしがらふりかけごはん

今日は海苔弁！　海苔弁らしく、ちくわも切らずにのせました。

▶ 2016/04/09 | 親子のお花見弁当

三色おむすび（桜でんぶ、塩、小松菜じゃこふりかけ）、鶏つくね串（柚子ジャム照り焼き味）、卵焼き、シャウエッセン、きゅうりの中華漬け

今日は子どもたちが計画したお花見で。お友達6名と一部母たち、居合わせた男子も加わって、娘が属する社会を垣間見られて楽しかった〜！ 3年生、まだまだかわいい！ 長女の赤いお弁当箱は私が20年以上前に使っていたもの♪

三色
おむすびで
花見弁当♪

▶ 2016/04/12 | 炊き込み中華おこわと自家製チャーシュウ弁当

たけのこの炊き込み中華おこわ、自家製豚肩チャーシュウ、味玉、もやしとニラと豚肉炒め、厚揚げの万能香味味噌マヨチーズ焼き、きゅうりと鳴門わかめとシラスの中華風酢の物

豚肉の茹で汁を使い回してシンプルなおこわにしました。お肉なしでも十分おいしく、チャーシュウを別添えにしたら、なんだか豪華に見えます。

シンプル
おこわが
おいしい！

▶ 2016/04/22 豚肉とエノキの天津飯弁当

豚肉とエノキの天津飯、レタスの漬け物

作りおきのえんどう豆の塩煮をかわいく使いたくて、天津飯にしました。レタスの漬け物は夫の好物。かさが減るのでレタスがたっぷり食べられます。ごま油がポイント。

えんどう豆をかわいく♪

作りおきを頑張りました。

▶ 2016/04/20
作りおきいろいろ

麺つゆ、麺つゆのだしがらかつおふりかけ、新玉ねぎドレッシング、人参のマリネ、キウイのはちみつマリネ、えんどう豆の塩煮、刻み細ねぎ、洗い水菜、砂出しアサリ（冷凍）、ニンニク醤油漬け込み鶏もも肉（オーブン焼き用）、朝ごはん用のイングリッシュマフィン8個

朝からまぶたがくっつくほど眠たい……。今日は家でおうち仕事を頑張ることに。

うずらの卵好きです。

最近娘が

▶ 2016/05/13
スコッチエッグ風
ミニハンバーグ

スコッチエッグ風ミニハンバーグ、一太郎のハムステーキ、卵焼き、焼きブロッコリー、かぼちゃの茶巾、胚芽米入りごはんといろいろ常備菜

晩ごはんのハンバーグを、最近うずらの卵が好きな、娘の遠足弁当仕様にアレンジ。今日は下の娘もママの用事ついでに遠足♪

実は在庫整理弁当！(笑)

▶ 2016/05/21
在庫整理にしては
豪華に仕上がったお弁当

春

大葉と塩昆布とごまの混ぜごはん、母の梅干し、豚肉とごぼうのしぐれ煮、自家製なめ茸の卵焼き、人参とツナの炒めもの、アボカドの和風グラタン

野菜室がスッカラカン。こんなときこそやる気が出ます(笑)。しぐれ煮には汁物用に冷凍してたごぼうを活用。卵は最後の一個。これから買い出しに行ってきます。

▶ 2016/05/23
ハートの肉巻き弁当

かぼちゃと♥ブロッコリー（茎）の豚肉巻き、マヨ詰めブロッコリー、しらすとねぎと黒こしょうのタコ焼き風卵焼き、自家製なめ茸、きゅうりの浅漬け、母の大根漬けと梅干し、胚芽米入りごはん

ブロッコリーの肉巻きを切ったら、♥マークでびっくり(笑)。卵焼きには残ったタコ焼きの生地を入れたので、もちもち。

エビ……ではなく人参フライ！

▶ 2016/06/01
ヒレカツと
エビフライ（人参）弁当。

夏

ヒレカツ、エビフライ……ではなく人参フライ、ちくわの磯辺揚げ、味玉、ポテサラ、きゅうりの塩麹漬け、甘辛ひじき＋ゆかり

塩をふって蒸し煮して、甘みを引き出した人参のフライがすごくおいしい！　しかもちょっと豪華に見える（笑）。

▶ 2016/07/05
冷やし中華風

冷やし中華風（自家製豚肩チャーシュウ、きゅうりのニンニクレモン和え）、炊き込み中華おこわ（チャーシュウの茹で汁使用）、卵焼き、母の新しょうがの甘酢

中華麺はからみ防止を兼ねてごま油で和えました。真夏はお茶＋凍らせたお水。合わせて2リットル。塩飴もつけて熱中症対策！

▶ 2016/07/13 | ジャージャー麺

夏

ジャージャー麺、おむすび2種（ごま油＋塩＋ごま、自家製ゆかり＋梅干し＋大葉）、かぼちゃ煮、ゆで卵、母の新生姜の甘酢漬け

ジャージャー麺は、麻婆豆腐の水と豆腐を入れる前に取り分けておいた肉味噌を活用しました（冷凍保存）。こんなひと工夫が楽しい。

冷凍の肉味噌を活用！

▶ 2016/07/14 | そうめん＋自家製麺つゆ

夏

そうめん＋自家製麺つゆ、鶏と茄子の揚げびたし、おむすび2種、麺つゆ天かす＋黒七味、甘酢新生姜＋大葉、パプリカの卵焼き、かぼちゃ煮、きゅうりのぬか漬け、大根の梅酢漬け

先日の夫の両親との京都旅行で、後から合流した私たちに「原了郭」の黒七味のお土産をもらいました。ありがたくおむすびに使ってみました。

▶ 2016/07/23 | そば弁当

ふつうのそば、ふつうのごはん、ほうれん草の卵焼き、五目きんぴら、きゅうりのぬか漬け、母の梅干し（新物）

暑くてやる気が……。おむすびを作る気力がなくて、小さな日の丸に。梅干しの新物は色が本当に鮮やかで、食卓にあるだけで幸せな気持ちになります。

暑くてやる気が……。

▶ 2016/07/25
ミルフィーユとんかつ弁当　夏

ミルフィーユとんかつ、別添えソース、千切りキャベツ、ゆで卵、エノキとしめじのしょうが風味なめ茸、さやいんげんのごま和え、自家製ゆかり、母の新物の梅干し

前に普通のロースかつとミルフィーユとんかつ、二種類作って出したところ、夫「こっちのほうがやわらかくておいしい！」と。我が家では薄切り肉で作るとんかつが人気です。

▶ 2016/09/23
冷凍しておいた
チキンピラフでオムライス　秋

お弁当箱の容量は1000mlです！

冷凍しておいたチキンピラフでオムライス、ごぼうとツナのごまマヨサラダ

この工房アイザワのお弁当箱は、1000ml。大容量シンプルなものを探して、2年前に新調しました。どんなおかずでも気軽に詰められて、しかも角が丸くパッキンが外しやすく汚れ落ちもいいなど、お気に入りポイント満載です。我が家にとって究極のお弁当箱かも。

12:RIE（@RIESOLA_02）

夫、夢のお弁当です！

▶ 2016/10/01

運動会弁当

ケンタロウさんレシピのからあげ、ほうれん草の卵焼き、かぼちゃサラダの茶巾、れんこんチーズ、おむすび（梅干し、甘辛ひじきと梅干し）

ふつうのお弁当ですが、おかずもおむすびも娘の大好きなもの（ほうれん草卵焼き以外は）。毎年ほとんど同じメニューですが、今年は娘が憧れている真っ赤なタコさんウィンナーを♪

▶ 2016/11/11

ナポリタン&サンドイッチ弁当

別茹でしない（お鍋ひとつで）ナポリタン（パスタ170g）、蒸しキャベツ入り卵サンドイッチ、人参サラダ、ほうれん草蒸し炒め、蒸しかぼちゃ

昨日の晩、録画していた『サラメシ』を観ていて、ナポリタンに過剰反応していた夫。お弁当メニュー決まり！ナポリタン弁当のときは一緒にサンドイッチが食べたくなる、と言っていたのでシンプルな卵サンドに。夫にとって、夢のお弁当ができました。

▶ 2016/11/13 | 行楽弁当

いなり寿司、パパのおむすび（天かす、小松菜ふりかけ）、揚げない大学芋、ほうれん草のだし巻き卵、魚肉ソーセージのソテー、浅漬け（白菜、小松菜）、みかん缶の豆乳寒天

週末の在庫整理的行楽弁当。夫が苦手ないなり寿司ですが、もらったレトルトのお揚げの賞味期限が迫っていたので。やっぱり苦手やわ〜と言いながら食べていました。気持ちのよい季節、週末はできる限り外で食べたい。子どもが小さいうちは、こんな時間を大切にしたいのです。

12 : RIE（@RIESOLA_02）

▶ 2016/12/20　保温弁当

豚肉巻き3種（かぼちゃ、エノキ、ピーマン）、卵焼き、小松菜と揚げの煮びたし（下にかつお節）、もやしのナムル、味噌汁（大根、揚げ）、黒米入りごはん、大根菜ふりかけ、出汁がら昆布の佃煮

仕事場の近くにおいしそうなお店があると明日はいいよって言われることもありますが（笑）、夫、お昼ごはんはかなり仕事の励みになっているようです。パプリカの赤が入ると彩りがいいですね！

▶ 2016/12/17
ピラフ＆グラタンの洋風保温弁当

人参とツナのピラフ、きのこの豆乳マカロニグラタン、キャベツとベーコンのスープ煮

見た目は地味な洋風弁当ですが意外にも大好評。今朝は、クッキングシートにグラタンをのせてトースターで焼いていたら、シートがぼうぼうと燃えていて朝からびっくり。早めに気づいてよかった……。

好評だった揚げぎょうざ！

▶ 2016/12/21
揚げぎょうざ弁当

麻婆揚げぎょうざ、オムレツ風卵焼き、シャウエッセン、揚げかぼちゃ、白菜の浅漬けごま油和え、もやしわかめスープ（手羽先の茹で汁を利用）、自家製ゆかりふりかけ

麻婆豆腐の豆腐と水を入れる前の肉味噌を取り出して、揚げぎょうざに。自分の中で今年一番ヒットしたアレンジかも。夫にも大好評！ 豚肩ロースをフードプロセッサーにかけた挽き肉なので「肉の味が全然違う！」と。

13

のぞみさん
(@noyonsoyon)
NOYONSOYON

➡ Instagram「@noyonsoyon」

お弁当作りを開始する時間	お弁当作りにかかる時間
4時30分	1時間(作り始めから片付けが終わるまで)

山形市在住、会社員、40代。小、中学校と給食だった長男が高校でお弁当に。また小学生になった次男のための長期休みの学童弁当。毎日の弁当作りを続けられ、食べるのも楽しくなるような弁当を目指しています。

▶ご家族構成
夫、自分、長男16歳、次男8歳

▶お弁当へのこだわりを教えてください
毎日でも飽きないように作る。好きなものばかりだけでもなく、チャレンジして食べて欲しいものも詰める。

▶自分の作るお弁当の良いところを教えてください。
ボリュームがあるところ。

▶今後チャレンジしたいことがあれば教えてください。
常備菜。

家族みんなが楽しく食べられるボリューム弁当。

▶ 2015/05/21
今日は次男の運動会！

今日は次男の運動会。1番になれないから休む……と朝、グズグズ。ん、朝で眠いからだと思うんだよ。昨日、ウキウキで準備してたのに。1番になんかならなくてもいいよ。頑張れ！ ……次男、頑張ってました。徒競走の前の真剣な顔を見られて、結果はどうでも嬉しかった！大っきな声で応援してしまったわたし。友達とニコニコして話してるのを見てホッとしました（笑）。

好物を入れました!

「だし」付きです・山形名物・

▶ 2016/07/25
学童弁当始まりました!　夏

夏休みの間、学童保育所に通う次男のために。学童弁当、始まりました!　手抜きしながら、頑張ろう!　次男の期待にそえる弁当を作れるか、ちと不安なのです……。始めは好物のエビフライから!(笑)　最後まで、ぼちぼち頑張ろう。

▶ 2016/08/08
オリンピックが始まった　夏

オリンピックが始まったので、チャンネル変えながらずっとオリンピック観戦で眠い……。そんな今日は地味弁。山形の「だし」付き。そのために昨日はきゅうり5本となす5個とオクラ10本とみょうが5個を延々と刻みました。おいしいよー!

▶ 2016/08/14
盆休み　夏

盆休み、今日は珍しく釣りに行ってきます。生き物が苦手な長男は留守番。出かけるよ!と次男に言うと、「あれ?　あんちゃんは?」。留守番だと言うとちょっと残念な様子。歳も離れてて、ケンカもするけど一緒のほうがいいんだね。ずっと兄弟仲良くしてください。……釣り、大漁でした!　ちっさいのばっかりでしたが(笑)。

▶ 2016/08/19
学童弁当終了!　夏

夏休みの学童弁当、今日で終了です。兄弟とも来週から学校が始まります。息子たちもだけど、母も気持ちを切り替えないと!　今日は大好きエビフライ!(先日、次男が「給食食べたいなぁ」と言っていたのを聞いてしまったのです……)。

13:NOYONSOYON(@NOYONSOYON)

買い物できず、あるもの弁当。

▶ 2016/08/21

2学期初日に骨折！

夏

仕事中に学童からの電話。次男がプロレスごっこで足を負傷したようなので、整形外科に連れて行きますと連絡が！ 整形外科に行くと、泣き腫らした顔の次男。左脚の骨折でした。学校初日から……！ 治るまで数ヶ月……。そんなこんなで買い物にいけず、あるもの弁当。

▶ 2016/08/24

今日から登校

夏

今日から、次男、登校します。学校で車椅子をお借りします。母さんも頑張るから、次男頑張れ！ 母さん、朝、学校まで送りますが、帰りは学童の先生が迎えに行ってくださいます。本当にありがとうございます。まさか！ と思うようなことが次男には起きますが、起きたことはしょうがない！ 頑張りすぎずに前向きに頑張ります！

使い捨て容器は楽！

▶ 2016/08/25

便利な使い捨ての弁当箱

夏

洗わなくていい、使い捨ての容器が楽チンで、今日も使い捨ての容器。普通の弁当箱でいいよ、と言ったのはオヤジ。でも、洗わなくてもいいのが本当に楽なのです。ゴメンよ、オヤジ。弁当箱は蓋やらパッキンやら箸箱やら洗うものが多くて！

▶ 2016/09/17

お弁当があったほうが落ち着く

秋

今日は勤務日で6時前に家を出ないといけなかったので、お弁当はなしと思っていました。そうしたら、次男が「お弁当あったほうが落ち着く」とかわいく（笑）、言ったので晩ごはんの酢豚を山盛り作って、あとはあるものを（笑）。今日頑張れば休みだ！ 頑張ろう！

▶ 2016/09/21

焼き鳥を焼くときに

秋

焼き鳥をフライパンで焼いていて、返すとき箸を使わず手で返したら、フライパンの側面に指の関節が触れてしまい軽いヤケド……。そんなこんなの焼き鳥は詰め方を失敗……。次男のギプスが、歩けるギプスに変わりました。足の底にゴムみたいなのが付いてます。もうすぐ治るぞ！頑張れ頑張れ！

▶ 2016/10/04

オヤジと自分の地味弁

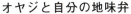秋

長男は弁当要らないそう。次男は学童の先生方がいも煮を作ってくださるいも煮会なので、おにぎりだけ持参。オヤジと自分は落ち着く地味弁（笑）。次男、昨日無事にギプスが取れました。でも、足をつくのが怖いのか歩き方がギプス装着時と一緒……もう少し送迎が続きます。次男、頑張れ！　母さんも頑張れ（笑）。

▶ 2016/10/13

唐揚げ弁当

秋

今日は次男も弁当持参。好物の唐揚げ弁当でした。そして次男、今日から骨折して以来、初めて歩いて登校します。こちらの小学校は登校班があって、近所で集まって学校に行くのだけど、心配で心配で姿が見えなくなるまで見送ってしまった（笑）。

▶ 2016/10/27

長靴を履いていかせたら

秋

今日は学校のいも掘り。昨日は雨だったので畑がドロドロだろうからと思い、長靴履いてって！とわたし。次男は、長靴を履いて学校に行きました。そしたら、母さん、今日体育があってさ、持久走、長靴で走った。いっつも遅いのに、今日はもっと遅かった……と。え、ゴメン！と言いつつ大笑いした母です（笑）。

▶ 2016/10/29

変わりばえしない弁当です

変わりばえしない学童弁当（笑）。いつも、弁当を詰める順番は、オヤジ→次男→長男→自分です。オヤジの弁当で試して、残り物は自分。今日も始めにオヤジ弁当を詰めたところ、イクラがご飯に留まってくれず、こぼれていきます。次の次男のときは、なんとなく決まりました。

▶ 2016/11/02

今どきの高校男子は

昨日、会社の後輩に今どきの高校男子は登校時に制服の上に何を着ていくの？　と聞いたところ、上には着ないで下にカーディガンを着る、あとは、マフラー！　と教えてもらいました。夜、それを長男に言ったら、ふーん、と（笑）。長男、ちょっとはイケてる男子になるかな（笑）？

ダブルいも入りです！

▶ 2016/11/10

なんでもっと早く……

今日、長男は職場見学？か何かで（笑）弁当要らないそうで……なんでもっと早く言わないのか……。オヤジと自分だけなので、じゃがいも、里いものダブルいも！

▶ 2016/11/29

引き出しのお菓子が！

先週頃から、勤め先にネズミがいるようだと……！　引き出しに入れておいてあるお菓子やココアがかじられているとか！　わたしの引き出しにはお菓子が入っていないからか入った形跡はないけど、部署中、気になって落ち着かず仕事も進まなく、とうとう昨日、2匹が捕獲されました。2匹いるということは、まだいるのでしょうか？

▶ 2016/12/07

引き出しを開けると！

冬

昨日、出勤して自分の机の引き出しを開けたらネズミが入ったような形跡が……やだやだ、と片付けていると！ネズミが！ ネズミが飛び出してきました！ ネズミ騒動は続いております……。やる気が出ないお弁当作り。ふりしぼって出したやる気なのに今朝、炊飯器のタイマーが入っていなかった。もう自分にがっかり（笑）。

きのこがクソうまかった！と……

▶ 2016/12/08

ほうれん草が一番好き

冬

先日、ほうれん草のソテーを食べているとき、野菜の中でほうれん草が一番好きだわ、と長男が言いました。えっ？そうなの？とびっくり。そして昨晩、今日の弁当どうだった？と聞いたら、きのこがクソうまかった！と……。高校生なんですよね？と思った母です（笑）。

あるものかき集め弁当！

▶ 2016/12/22

かき集め弁当

冬

弁当を作るのが面倒で昨晩、長男にコンビニで買って行って欲しいとお願いしたら、コンビニに寄ると遠回りだし時間がかかる、などグダグダ言われたので、あるものかき集めの弁当です。いつもいろいろ作るけど、多分こういうのが好きなのかもしれないです（笑）。

▶ 2016/12/27

長男がひとりで東京に

冬

高校生長男、25日から1泊で、ひとりで東京に遊びに行ってました。ひと月くらい前に行くことを聞き、これは口出ししてはダメだと思い、黙って見ていました。宿泊、新幹線の切符など全部自分で段取りし、宿泊時の親の同意書も書いて、と言ってきました。そこまで自分でできたのなら大丈夫！と。そんな長男のお土産は「東京ばな奈」です。

14

hirokoさん
（@hiropon0201）

HIROKO

Instagram「@hiropon0201」

お弁当作りを開始する時間	お弁当作りにかかる時間
5時	30〜40分

高校生男子弁当を作る、3人の子どもを持つ母です。3人の子どもたちのお弁当を作るのもこれが最後となり、楽しんでお弁当を作る毎日。息子がお弁当の蓋を開けたときの顔を想像しながら作っています。栄養バランスも気をつけながら、「食べておいしい！ 見ておいしい！」、お弁当になるよう、お弁当で成長期の息子をサポートしています。

▶ご家族構成
現在、夫と次男の3人暮らし（夫・長女24歳・長男22歳・次男17歳）

▶お弁当へのこだわりを教えてください
おかずごとにアルミや紙カップを使いますがカップは見えないように詰めること。

▶自分の作るお弁当の良いところを教えてください
私流の「のっけ弁」は隙間なくぎゅうぎゅうに詰める。自転車通学でも「寄り弁」にならず大丈夫らしいです。揚げ物・炒め物は作り置きでなく朝調理。

▶今後チャレンジしたいことがあれば教えてください。
マンネリ化しがちなので、メニューを増やしたい。

> 息子がお弁当の蓋を開けたときの顔を想像しながら作っています♪

▶ 2015/03/18

奮発してエビフライ2本

春

オムライス、ハンバーグ、エビフライ、柚子こしょうのマカロニサラダ、高野豆腐の含め煮＆菜の花、エビカツサンド

今日は奮発してエビフライ2本入れちゃった。そしてハンバーグはうっかり焦がしてしまった。なんてこった……片面だけだったから良かったけど。焦げた表面はペロッとはがし、はがした部分は見えないように詰めたよ。先週作った、柚子こしょうのひじき入りマカロニサラダがおいしかったから、今回はひじきなしで作ってみた。

▶ 2016/04/05
たけのこづくしのお弁当

春

たけのこご飯、鮭のにんにくオイル漬けと小松菜のソテー、豚のしょうが焼きアスパラ＆たけのこ巻き、五目ひじき、あおさ入り卵焼き、たけのこ、人参・かぼちゃの含め煮

たけのこをたくさん炊いたので、たけのこづくしのお弁当。そして！ 鮭のにんにくオイル漬け……にんにく入れすぎた！ 朝からにんにく臭が部屋中にプンプン。きっとフタを開けた途端、にんにく臭がヤバイです……。

息子、菓子パンも買ってました（笑）

▶ 2016/04/17
試合弁当
ひと口トンテキのっけ

春

ひと口トンテキのっけ、手作りカレーコロッケ、ごぼうのから揚げ、人参の柚子ポンきんぴら、エビのマカロニサラダ、五目ひじき、舞茸＆かぼちゃ、卵焼き

今日は試合弁当。本日も超が付くほど高カロリー弁当。でも試合だから高カロリーなんてへっちゃらよ（笑）。これにおやつがいるとかで途中のコンビニで菓子パンを買ってました！

お子様ランチの定番メニューみたい♡

▶ 2016/05/13
ハンバーグに
エビフライとナポリタン

春

ハンバーグ、エビフライ、フジッリ（Fusilli）のミートソース、なすとかぼちゃの揚げびたし、白菜ときゅうりの塩昆布漬け、野菜の卵焼き

お子様ランチの定番メニュー的なお弁当を作りました。なんだか乙女チックなお弁当になっちゃった。お花は「ちらし麩」。高温でサッと揚げるだけ。

▶ 2016/06/09
とんカツドドドーンと
のっけ弁

夏

とんカツ、たけのこの土佐煮、アスパラベーコン、小松菜エノキのポン酢炒め、赤軸ほうれん草とれんこんの柚子こしょうサラダ、卵焼き、人参グラッセ

今日はいつもより少し小ぶりのとんカツです。いつもはあと一切れ分ぐらい大きいんですよ。でもお弁当にはこの大きさがベストサイズだった。とんカツの下には千切りキャベツを敷いてます。

▶ 2016/07/06 ｜ のっけ弁
とりの照り焼き・まん丸卵焼き

とりの照り焼き、人参といんげんの肉巻きフライ、ちくわの磯辺揚げ、エビのコンソメ茹で、イカの煮つけ、アスパラの素揚げ、卵焼き

今日は丸弁当でのっけ弁です。深さがあるのでご飯がたっぷり入ってます。食べていて飽きないようにご飯の間に海苔を挟んで、海苔弁にしてます。

食べ飽きないよう、
実は
海苔弁。

▶ 2016/07/15 ｜ 厚揚げ牛肉のっけ弁

厚揚げ牛どん、黄色と白の2色の卵焼き、タコの唐揚げ、グリーンアスパラの素揚げ

次男、今日はクラス対抗のスポーツ大会。バスケとバレーに分かれ、1日体育館で試合だって。楽しそう。今日は650ml容量の小さめ丸わっぱでシンプルに作ってみましたよ。シンプルと言うより簡単手抜き（笑）。我が家定番の「厚揚げ牛ど〜ん」でございます。

▶ 2016/07/20
おにぎり弁当

3種おにぎり、卵焼き、きゅうりとみょうがの浅漬け、人参のコンソメゆで

「今日は少なくていいよ、おにぎりでいいわ」ってことでおにぎりだけの予定だったけど……ちょこっとだけオカズ付けました。そして今日は三者懇談の日。スタートは2時からのですが、うちの子は高校野球の応援で出られず。三者懇談じゃなく二者懇談になるそうです。そんなのアリですかぁ？

▶ 2016/07/27
肉そぼろののっけ弁

肉そぼろののっけ弁、クルクル卵焼き・アスパラのバターソテー、ささみの梅しそフライ、かぼちゃとれんこんの素揚げレモンソルトかけ

ポケモンGOの人気、すごいですね！ どこへ行っても車で走っていても目につくのはスマホ片手に歩いてる人！息子もそのうちのひとりですが……「お願いだから自転車乗りながらは止めて」と注意してますけどくれぐれも事故のないよう気をつけて！

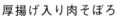
冷凍ストックを活用！

▶ 2016/09/28
厚揚げ入り肉そぼろ

厚揚げ入り肉そぼろ、梅しそ豚肉ロールフライ、タコの唐揚げ、豆苗と人参のナムル、ひじきの柚子こしょうマカロニサラダ、海苔と2色の卵焼き、かぼちゃの煮物

冷凍ストック＆野菜でお弁当です。梅しそ豚肉ロールフライ、切った断面から梅しそが全く見えてませんが。そしていつもの肉そぼろにサイコロ厚揚げを入れて、おいしくカサ増し！

▶ 2016/10/04
ハンバーガー弁当

月見バーガー、アボカドチキンバーガー、フライドポテト←じゃがいも1個分 揚げ

今日は息子からのリクエスト弁当。本当は、昨日ハンバーガー弁当にする予定だったのに、ひき肉を買い忘れ……！しっかりメモっていったのに！「メモってて忘れるって老化現象？」「何しに行ったの？」と息子にめっちゃ言われた。最近こんなのばっかりです。

14：HIROKO (@HIROPON0201)

▶ 2016/10/24　とりの照り焼きのっけ弁

とりの照り焼きのっけどーん、まん丸卵焼き、エビと小松菜キャベツのオイスター炒め、里いものベーコン巻き

登場率の高い我が家の「とりの照り焼き」。鶏もも肉2枚に、砂糖大さじ2、醤油大さじ2、酒大さじ3。鶏肉の皮目を下にしてきつね色になるまでカリッと焼く。裏返しにしてさらに焼く。フライパンの余分な油をふき取ったら、タレを入れて中火で煮詰め、照りを出します♪

▶ 2016/11/04　ハンバーグ＆エビフライ

隠れ海苔弁、ハンバーグ、エビフライ、しめじ・ピーマン・人参のピリ辛ポン酢炒め、アスパラベーコン、卵焼き、二十日大根の浅漬け

剣道をやっている息子。昨日の団体戦は負け。優勝した高校と初戦当ったため勝ち目なし。最初から「無理だ、勝てない」って言ってましたけどね、それでも息子は引き分けだったそうな……。次は個人戦。頑張ってほしいもんだ！

▶ 2016/11/30
コンビニ風サラダパスタ

パスタサラダ〈和風ドレッシング〉、焼き鮭、鶏の唐揚げ&タコの唐揚げ、苗と人参・舞茸の柚子こしょう炒め、卵焼き

本日は、ちょっと少なめ、700mlのわっぱ弁当。パスタサラダのしっとり柔らか鶏ハムは手作りです。コンビニのサラダチキンじゃないよ。タコの唐揚げは衣がはがれ、裸タコになってます。

高校生男子にはかわいすぎたかな?(笑)

▶ 2016/12/15
甘辛豚肉入りオムライス

甘辛豚肉入りオムライス、グリーンサラダ〈醤油ドレッシング〉

男子弁っぽくない、リボンパスタ。帰ってきた息子から何か言われそうだわ(笑)。今日のオムライスは、ケチャップライスの間に肉をサンドしてます。オムライスにボリュームがあるから今日のサラダは普通にグリーンサラダ。パスタは入ってません。

▶ 2016/12/16
ヤリイカの煮付け

ヤリイカの煮付け、豚ひき肉と豆腐のふわふわ照り焼きつくね、れんこんとひじきの水菜サラダ、ほうれん草とコーンのベーコン炒め、ねぎ入り卵焼き、かぼちゃの煮物

昨日のお弁当について聞いてみたら……「フタ開けたらみんなが、おぉぉーって! もう恥ずかしくって!」やはりちょっとかわいすぎたのかしらね。たまには遊び心があってもいいじゃん(笑)。しばらくお遊びお弁当は封印かな。忘れた頃またやってやるぅ。

味噌煮込みおでん、味が染みてます♪

▶ 2016/12/20
息子のリクエスト弁当
おでん

あったか味噌煮込みおでん、ひじきごはん←昨日と同じ、鮭の味噌漬け焼き、とり天、舞茸の天ぷら、ねぎ入り卵焼き、アスパラの素揚げレモンソルトかけ

息子のリクエスト弁当です。小学校給食のおでんが味噌煮込みでおいしかったんですって。昨日の朝から仕込んで煮込み始めたのでめっちゃ味が染み込んでおいしくできましたよ。

15 Asanyanさん
(@asanyan617)

ASANYAN

➡ Instagram「@asanyan617」

| お弁当作りを開始する時間 その日の仕事によりますが たいてい6時頃から | お弁当作りにかかる時間 約30分 |

> 自分弁当だからといって、適当にしてしまわないのがモットー。

アパレル業で働く30代独身。料理上手で料理好きな母親の背中を見て育ったせいか子どもの頃から料理が大好き。きちんと作る日もあれば前日の晩ご飯をちょいと拝借！な日もありますが、毎日笑顔で元気に過ごせるよう「健康的なお弁当」を自分のために作っています。いつか誰かのために作ってあげたいな（笑）。

▶ご家族構成
父、母との3人暮らし

▶お弁当へのこだわりを教えてください
冷凍食品を使わず手作りのおかずを、栄養やバランスも考えながら作っています。朝、悩まず調理し、詰められるよう、数日間のお弁当の予定をイラストにしています。

▶自分の作るお弁当の良いところを教えてください。
自分が食べるお弁当だから……と言って適当にしてしまわず、栄養や色のバランスを考えて「自分で作ること」を大切にしています。手抜きでも残り物を詰めるだけでも、作ること・続けることに意味があると思っています。

▶今後チャレンジしたいことがあれば教えてください。
かわいいとかきれいな見栄えするおかずばかりではなく、素材を生かした、きちんとしたおかず作り。

▶ 2015/08/02
トンデリングinゴーヤ

トンデリングinゴーヤ、卵焼き、明太子サラスパ、ライムにこちゃん、三つ編みかまぼこ

「トンデリングinゴーヤ」。豚バラでゴーヤを巻き巻き……醤油と酒、みりん、砂糖で甘辛く焼いただけ。いやぁ～しかし……簡単で見た目もおしゃれ！
誰か考えた人にノーベル料理賞あげて！←何の権限あんねん。しかもノーベル料理賞ないしな……てか手前のマイクロトマト……3ミリ級。

▶ 2016/10/03　新鮮なお野菜をメインに

おにぎり（塩昆布、明太子マヨ）、ゲソとバジルのナンプラー炒め、ちびカラーピーマンのツナチーズ焼き、桜エビの卵焼き、ブロッコリーの芯にこちゃん

昨日、道の駅でたくさん買ってきたお野菜たち。ちびカラーピーマンはツナとマヨネーズを和えたのを詰めてチーズ焼きに。トースターでできて簡単！　バジルはゲソと炒めてナンプラーで味付け。桜エビの卵焼きは、桜エビ自体に味があるのでとってもおいしい♪

お野菜
たっぷりの
お弁当♪

▶ 2016/10/09　わんぱくおにぎり！

わんぱくおにぎり（煮込みハンバーグ、コーンの卵焼き、紫玉ねぎの甘酢漬け、フリルレタス）

おにぎらず……切るときボロボロに崩れないようにするには、包むときしっかりピッタリと。巻いたら少し馴染ませるように時間を置くと海苔がしんなりして切りやすい。にこちゃんの、ほっぺたの丸いのは、「ぶぶあられ」っていうあられです！

にこちゃんは
ぶぶあられを
使ってます

15:ASANYAN(@ASANYAN617)

▶ 2016/10/12　お気に入りのお弁当

鶏そぼろ、赤ウィンナー、生バジルとチーズの卵焼き、舞茸ソテー、かまぼこくるくる、ブロッコリーの芯にこちゃん

かわいくおいしくできた♪　お気に入りのお弁当。かまぼこくるくるは……つまようじを刺すまでは指できっちり押さえておくことと、かまぼこの無駄な水分を拭き取って滑らないようにすることがポイントかな？　そぼろは、しいたけ（できれば干ししいたけ）と白ねぎも一緒に炒めてます♪

この
にこちゃんは、
ブロッコリーの芯！

▶ 2016/10/18　初めてのお弁当箱の日

おにぎり（梅、天かすとねぎ）、サンマのチーズ挟み焼き、ゆで卵（スイートチリソースかけ）、きんぴら、かまぼこくるくる、人参にこちゃん

おニューのお弁当箱♪　なんだか新鮮な気持ち。初めて詰めるときはいつもアタフタしちゃう。おにぎりは、おっきく見えるけど、ふたつでお茶碗軽く1杯分。天かすおにぎり、なんだか天丼みたいな感じでおいしい♪　サンマは開いてチーズ挟んで、片栗粉をつけて揚げ焼きに。

おニューの
お弁当箱は
アタフタ……

15:ASANYAN(@ASANYAN617)

▶ 2016/11/13　イラストお弁当予定表

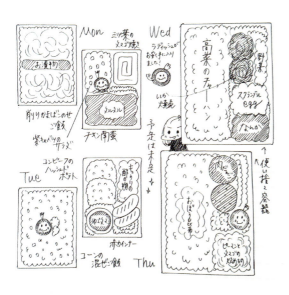

さーて、明日から魔の1週間が始まりますねん。このイラストお弁当予定表、とっても便利！　冷蔵庫や冷凍庫に何が残ってる？　いつまでに使い切らないといけないかな？　など食材が無駄にならないし、朝に悩まず調理して詰められる！でも、予定は予定ってことで（笑）。ちなみにこのペンは、uni-ballのsigno極細0.38使ってます♪

▶ 2016/11/14　削りかまぼこのせご飯♪

削りかまぼこのせご飯、お漬け物、チキン南蛮inしば漬けタルタル、みつばの卵焼き、紫キャベツとコーンのサラダ、ラディッシュにこちゃん

ご飯にのってるのは「削りかまぼこ」。この状態で売られてます。愛媛の特産みたい。「しば漬けタルタルソース」、タルタルソースにしば漬けを刻んで入れるだけで、食感と塩気がおいしい、大人なタルタルソースになっちゃうよ。

「削りかまぼこ」
のせ
ご飯！

▶ 2016/11/15　イレギュラーなおかず満載♪

コーンの混ぜご飯、コンビーフとじゃがいものハッシュドポテト風、モロヘイヤのおひたし（きゅうりの酢の物から変更）、天ぷらinうずら卵（ゆで卵から変更）、赤ウィンナー、紫キャベツの甘酢、ラディッシュにこちゃん、お漬け物

お弁当予定表にはなかったイレギュラーなおかず満載です。
コンビーフとじゃがいものハッシュドポテト風は、固茹でしたじゃがいもを5mm角に切ってコンビーフ、片栗粉、塩こしょうで味付けして丸めて焼いたの。

▶ 2016/12/19　3日間のお弁当

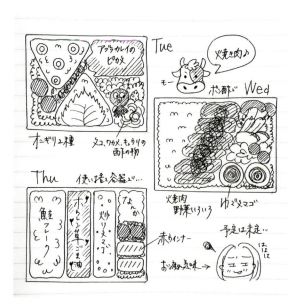

3日間のお弁当予定表。揚げ物がメインのときはさっぱりとした副菜を。肉類のときは野菜を多めに。ご飯が多めのときはキノコ類でカロリーを控えて……とお弁当の中で栄養が偏らないようにバランスを考えながら献立を試行錯誤です！

15:ASANYAN（@ASANYAN617）

▶ 2016/12/20 | 白身魚はピカタでさっぱりと♪

おにぎり（ちくわ柚子こしょう炒め・塩昆布）、アブラカレイのピカタ、タコときゅうり、わかめの酢の物、ごぼうとコンニャク炊いたん、ミニトマト、しば漬け

フライが多くなりがちな白身魚もピカタにすることでさっぱりと！ 卵液にマヨネーズをほんの少し加えることで時間が経ってもふわふわ〜でおいしくいただけます。鶏肉や豚肉でもオススメ♪

▶ 2017/01/08 | 卵巾着うまくでけた〜！

焼き魚、赤ウィンナー、卵巾着（レンジで）、きゅうりの酢の物、紫キャベツの甘酢、お花人参、かまぼこ、五色の花結び（ふりかけ）

卵巾着うまくでけた〜！ 切るまでドキドキ。ひとり分だから炊くのも……と思い、レンジで。うまくできたよー！
黄身に1度ようじを刺したら爆発しにくい！

レンジで
作った
卵巾着♪

15:ASANYAN (@ASANYAN617)

16

お弁当作りを開始する時間	お弁当作りにかかる時間
6時30分	30分

やまおやじさん
(yamaoyaji1958)
YAMAOYAJI

▶「やまおやじの弁当通信」
http://blog.livedoor.jp/yamaoyaji1958/

脳の老化を防ぐために、朝活として2010年3月から弁当ブログを書き始めました。琵琶湖の北西部、自然がいっぱいの地域に住んでいるので、弁当だけじゃなく四季の出来事や風景の写真を載せています。カレンダー通りで勤務の連れ合い（公務員）と、休日関係ない勤務の僕（オーケストラ演奏者）なので、ほぼ毎日弁当を作っていますが、マンネリにならないように苦心しています。

> 連れ合いのために作る弁当です。毎日違う卵焼き入り。

▶ご家族構成
自分、連れ合い

▶お弁当へのこだわりを教えてください
冷凍食品を使わない。見映えより内容。地元の旬の野菜を使う。毎日違う卵焼きを焼く。

▶自分の作るお弁当の良いところを教えてください。
おいしい（笑）。卵焼きのバリエーション。

▶今後チャレンジしたいことがあれば教えてください。
決まったレイアウトで作っていて、それを自分流にしているけど、その型を破りたい。

▶ 2014/06/23

鶏せせり肉のトムヤンクンペースト焼き

夏

鶏せせり肉のトムヤンクンペースト焼き、長ひじき、人参、薄揚げの炊いたん、山いもステーキ、卵焼き（千切りピーマン入り）

昨夜のこと、最近手に入れて自分の活動中での最終兵器とまで思っていた商売道具が壊れてショック……。連れ合いは、「何かの身代わりになってくれたんだよ」と慰めてくれたけど……。
さて市販のトムヤンクンペーストは溶いてスープにするだけでなく、味付けにも使えます。放り込めば、何にでもいきなりタイ風に早変わりです。今日は日本酒で溶いたペーストに肉を少し漬けておいて焼きました。簡単エスニックです。

▶ 2015/04/20　イワシのファルシ2種

イワシのファルシ2種、蒸しブロッコリー、さつまいものサラダ、卵焼き（スイートコーン入り）

イワシのファルシは、パン粉にオレガノと唐辛子を入れてマヨネーズで練ったものを巻き込んだものと、ゆかりと黒ごまとパン粉をごま油で練ったものを海苔で巻き込んだものと2種類作りました。どちらも結構いい出来です。
先日、初めて鍼治療に行ったところ、効果がすごくてびっくりしてしまった！　東洋医学、恐るべし！

▶ 2016/01/24　豚キムチ炒め

豚肉のキムチ炒め、薄揚げのサッパリ煮、菜の花のおかかマヨ和え、卵焼き（牛肉しぐれ煮入り）

今日は豪華にダブルタンパク質。豚肉と牛肉の揃い踏みです。休日出勤の連れ合いのためのスペシャルメニューです。
最近、巨大鮮魚市場「敦賀さかな街」にハマっています。サバの炭火焼きに、サバ寿司に。昨夜はサバパーティでした！

▶ 2016/02/12　自家製塩サバの燻製

自家製塩サバの燻製、海苔とスイートコーンのチーズ焼き、チンゲン菜の昆布茶炒め、卵焼き（鮭フレーク入り）

金曜日はお魚メニューです。まとめて作っておいた燻製を解凍したので、朝から楽ちんです。昨日薪ストーブ用の薪を大量にもらえることになったのですが、あいにく僕は仕事で不在。連れ合いひとりでは……と思っていたところ、なんと一人で軽トラを運転して引き取りに行ってくれました。連れ合い、すっかり立派なカントリーウーマンに成長しました。

▶ 2016/02/18
鶏もも肉味噌だれ焼き

鶏もも肉の味噌だれ焼き、チンゲン菜炒めポン酢和え、プチトマト、卵焼き（肉味噌入り）

週半ばで既に疲れ気味の連れ合いのために、本日はパワーチャージメニュー「ダブルタンパク質弁当」。Googleのストリートビューで、昔住んでたドイツ・フランクフルトの通りを見てみたら、ほとんど当時のままで残っていた〜！一方で、日本の街並みはどんどん変わってしまうんだよなあ……。いろんなことが目まぐるしく変化していく中で、せめて思い出の場所は変わってほしくないと思ってしまう……。

▶ 2016/03/25
豚肉スタミナ焼き弁当

豚肉スタミナ焼き、人参きんぴら、焼きピーマン、卵焼き（モッツァレラチーズ入り）

時々ご飯の上全面におかずが乗っかっているバージョンを作りますが、高校生並み食欲の連れ合いは大喜びでありまして、昨日の異動内示と相まって今日は上機嫌……のハズ。

▶ 2016/05/27
豚肉ノルウェー風煮

▶ 2016/08/26
鶏せせり肉レモン塩炒め

豚肉のノルウェー風煮（給食メニュー）、エノキソテー昆布茶味、千切りピーマン炒めポン酢和え、卵焼き（鮭フレーク＆チーズ入り）

今日のメインは「豚肉のノルウェー風煮」です。小学校の頃の人気給食メニューで、当時はクジラ肉を使っていました。最近、クジラの肉はほとんど食べられなくなりましたね。

鶏せせり肉レモン塩炒め、ゴーヤきんぴら、もやし炒め（ふりかけ入り）

昨日農産物直売所で野菜をいろいろ買ったら、ゴーヤをもらってしまった。実は近所の方からもいただいていてあと5本もあるー！　何を作ろうか。当分ゴーヤが続きます。贅沢な悩みだなあ。

▶ 2016/10/12
巻き巻き弁当

▶ 2016/11/02
唐揚げ

枝豆入り鶏つくね海苔巻き焼き、焼きエリンギ、焼きししとう塩ラー油、卵焼き（スモークチーズ入り）

今日のおかずは少し手間がかかってます。つくねを海苔で巻いたものを、厚手の卵焼き器でじっくりと焼きました。エリンギもししとうも卵焼き器で。もちろん卵焼きもそれで作ったので、今日の台所の洗い物は楽ですなぁ。洗い物を少なく調理するのもプロの技かぁ？
最近の新しい習慣は、朝イチで体重計に乗ること。

鶏からあげ山盛り、なすのピザソース炒め、焼き万願寺唐辛子、昆布茶味、卵焼き（ふりかけロール）

タンパク質ガッツリ弁当です。こういうメニューは、連れ合いが大いに望むところで、こういった弁当を作っている限り我が家は安泰ですわ。簡単じゃのぉ。

▶ 2016/11/04　サンマのゆかり衣揚げ

サンマのゆかり衣揚げ、人参入りちくわ、大根皮のきんぴら、卵焼き（刻みわさび菜入り）

3日間体調を崩してましたが、なんとか回復してきました。もういい歳だし、身体のことをちょっと真剣に考えたこの3日間でしたわ。無駄に長生きはしたくないけど、みっともなく生きたくないもんね。まぁ僕には、連れ合いが定年迎えて自由な時間ができるまでは、元気でいる義務があるよなぁ。老いず、ボケず、頑固にならず、身体も脳もしなやかに保たなきゃ。課題多いなぁ〜。とりあえず、酒の飲み過ぎ、ご飯の食べ過ぎを止めましょ。

▶ 2016/12/14　イワシの梅大葉巻き

イワシの梅大葉巻き、焼き薄揚げの練りうに海苔張り、ピーマン炒め昆布茶味、卵焼き（ひじき入り）

今日も早起きして、イワシを3枚におろして大葉を巻いて……卵焼きも焼いて……薄揚げも焼いて……料理が完成して、さぁ弁当箱に詰めよう、としたときに……連れ合いが「今日は弁当要らなかった〜」今ごろ言うなよ!!ムッカー〜。ご飯も、いもと黒米入りで凝ったのに（ガックリ）……と険悪状態。
連れ合いも出勤し怒りも収まったので、自分弁当として、いつもと違う弁当箱に詰めました。

▶ 2016/12/21　鶏ハラミのレモン塩ソテー

鶏ハラミのレモン塩ソテー、ごぼうの甘辛煮、人参のクミン炒め、卵焼き（菜っ葉ふりかけ）

鶏肉が続いてしまいましたが、旨けりゃケッコウケッコウ。歯ごたえがあり大人の味です。ワインに合いそうです。
昨日長年の夢だった秘密兵器・新しいカメラが届いて、それにかかりっきりです。ボケ防止にも使い方を勉強しなきゃ。

▶ 2017/01/05　鶏もも肉ワインソース煮

鶏もも肉のワインソース煮、しいたけのガーリックオリーブオイル炒め、薄切りパプリカなます、卵焼き（スナップエンドウ入り）

今日は早起きできたので、少し手間がかかったメニュー。カリッと鶏もも肉を焼いたフライパンの残った旨味で、ワインソースを作って煮込みました。ソースを作る前に、フライパンに残った余計な油を捨てるのを忘れずに。

17

お弁当作りを開始する時間 観察しているとだいたい	お弁当作りにかかる時間
5時頃から	**10**分ぐらい？夕食は午後2時から作っていた頃から急成長!?

愛猫はポチさん
(@poti1974)

POTI1974

➡ Instagram「@poti1974」

サボテン生産量日本一で有名な愛知県のとある街で、嫁と娘の3人でのんびり暮らす、愛猫はポチです。天然嫁の奇想天外なインスピレーションにより生み出される愛妻弁当を皆さんに広く知ってもらうためにSNSを通じて（嫁に内緒で）公開しており、この愛妻弁当によって日夜お弁当作りに悩んでいる奥様方に愛と勇気と感動をお届けできれば幸いです。

▶ ご家族構成
自分、妻、長女9歳

▶ お弁当へのこだわりを教えてください
嫁曰く「デザイン（見た目）よりも効率化」らしいです。

▶ 奥様の作るお弁当の良いところを教えてください。
恐らくどの優れた主婦の方々にも真似できないところ（笑）。

▶ 今後チャレンジしたいことがあれば教えてください。
既にいろんな意味でチャレンジしすぎ感があるけれど、このまま様々な方向に向かってチャレンジしそうです（笑）。

> お弁当作りに悩む奥様方に愛と勇気と感動を！

▶ 2016 / 10 / 17
ウィンナー弁当

秋

久しぶりに嫁が愛妻弁当を作ってくれたと喜んで、蓋を開けたらこんな内容だった。一体どうしてこうなった。

▶ 2016/10/19

かまぼこ＆唐揚げ弁当

冷蔵庫に残った余り物を再利用。これぞ効率的なお弁当の使い方！ ……嫁は天然でかわいい奴だと思っていたがそれは大間違いだった。こんな愛妻弁当わざとじゃないと作らない。まさか天然を装っていたなんてッ！

▶ 2016/10/20

この料理の名は何だ!?

僕は意気揚々と愛妻弁当という名のTreasure Chest（宝箱）を開いたさ。なんとそこにはご飯の上に小切りのウィンナーとモヤシがのせられ、白いクリームソースのようなものが掛かった金塊が入っていた。箸で摘むとご飯全体が持ち上がった！ 違う！これはクリームソースじゃない！ とろけるチーズだ！ チーズがご飯とウィンナーとモヤシにかぶさり、固まっている!? この料理の名は何だ！

▶ 2016/10/21

そしておかずは居なくなった

そしておかずは居なくなった。ミステリー小説のような愛妻弁当。アガサ・クリスティ並みの……。どうしてこうなった。

▶ 2016/10/26

唐揚げ弁当

唐揚げ弁当と呼べば聞こえは良い！

▶ 2016/10/28
ポチ弁当 in メッセナゴヤ！

 秋

ポチ弁当 in ポートメッセなごや！　ハマると同じものを続けるのがうちの嫁の傾向で、一時は夕食にちくわを切ったものばかり続いていたが、焼き海苔を敷き詰めるのがマイブームか……。

▶ 2016/11/02
漆黒の大海原

 秋

JR普通電車で静岡県を横断するとどこまでもどこまでも茶畑が広がり、茶畑が永遠のように感じられるがごとく、愛妻弁当も漆黒の大海原が今日も続く。
もはやお弁当の中身だけ見ていたら曜日の感覚がわからなくなる。

▶ 2016/11/08
焼き魚定食

 秋

今日の愛妻弁当は焼き魚定食！

▶ 2016/11/9
チーズハンバーグ弁当

な、何か、いる？
昨夜の炊き込みご飯の上にチーズハンバーグがのっています。チーズが固まっているのでハンバーグを持ち上げると炊き込みご飯も持ち上がります。

▶ 2016/11/10
ブロッコリー弁当 秋

Instagramのみんなが「野菜が足りない」「野菜が足りない」と言うから、究極の野菜弁当「ブロッコリー弁当」来た――！

▶ 2016/11/14
コロッケ、卵焼き、
ラップ弁当

あれ？　愛妻弁当におかずが入っている。おかずが入っていると逆に落ち着かないのだけど（笑）。

▶ 2016/11/16
「牛丼」弁当

僕がいま目にしたものを一言で表せと言われたらそれは「牛丼」に他ならない。しかしその「牛丼」と呼ばれる料理は僕の知っている「牛丼」とは何かが違ったのだ。

17:POTI1974(@POTI1974)

▶ 2016/11/17
煮物弁当

つい煮物に「お前は何者だ」と聞いてしまった。煮物だけに。

▶ 2016/11/28
海苔がリストラされた弁当

海苔が一枚リストラされた。ノリーマンショックの影響はいまだ根強い。オカズは昨夜、唐揚げにされてしまったマグロの刺身だッ！

▶ 2016/12/01
コロッケ弁当

コロッケ弁当（贈呈用のラッピング付き）が夜の街を照らす満月のようだ。

▶ 2016/12/02
クリスマスカラー弁当！

メッチャ色鮮やか！？　芽キャベツ＆ウィンナー弁当！

▶ 2016/12/06
ウィンナーと卵焼き弁当

彩りよく、カラフルなお弁当（´▽`）ノ

▶ 2016/12/16
ウィンナーと
カレー味の煮物弁当

もはやミイラ並みのラッピング。

▶ 2017/01/10
ウィンナー弁当＆謎のサプリ

今日の愛妻弁当はウィンナー弁当だけど例の謎のサプリも一緒に入っていた！（最近食後に嫁から「これ飲んで」と得体の知れないサプリが渡される。嫁が飲んでいるかは不明。え？自分に掛けられた保険とか調べとく案件？）

▶ 2017/01/17
シャケ弁当

今日の愛妻弁当はお弁当の定番とも言えるシャケ弁当！
何だかドカベンとかに出てきそうな男前な弁当だ！

18

まりもさん
(@marimo221)

MARIMO

➡ Instagram「@marimo221」

お弁当作りを開始する時間	お弁当作りにかかる時間
6時頃	20分くらい

　夫、2人の息子（18歳、16歳）、私の4人家族。毎日夫と長男へお弁当を作っています。夫弁当は18年目。毎日のお弁当や息子たちの部活弁当（ひとりは増量、ひとりは減量）など、お弁当作りを通して、頑張れ‼の気持ちを込めて日々奮闘しています。春からは高校生になる次男のお弁当作りもスタートします。

▶ご家族構成
夫、自分、長男18歳、次男16歳

▶お弁当へのこだわりを教えてください
彩りと食べごたえ。毎日のことなので頑張りすぎない。

▶自分の作るお弁当の良いところを教えてください。
作り置きからの詰めるだけ弁当なのですぐにできるところ。

▶今後チャレンジしたいことがあれば教えてください。
今は食べ盛りの息子に合わせたメニューだけど、夫にはそろそろもう少しヘルシーなお弁当にシフトしていきたい。でも別々のメニューは少々面倒で……。

> 毎日、頑張れ！の気持ちを込めて。
> 夫と息子たちのお弁当作り。

▶ 2016/04/13
旦那さん&長男弁当

春

旦那さん&長男弁当です。ボクシング部所属の長男、減量のため、今日はサラダ弁当です。サラダチキン風の鶏むね肉をメインに、下はレタス等の野菜を敷き詰めています。ごはんなしです。来週からまた遠征なんだけど、その遠征に体重落としてから行かないといけないらしい……。

家族みんなのお弁当

長男は減量中弁当

▶ 2016/05/03
家族みんなお弁当 春

鶏唐揚げ、卵焼き、ウィンナー、焼きそば、プチトマト、茹でブロッコリー

今日は家族みんなお弁当。唐揚げ弁当です。長男は今日から東京都内の大学で4泊5日の強化合宿。旦那さん、次男、私は次男の野球へ。みんなそれぞれ頑張ろう。これから長男を学校まで送ってから、次男の野球に合流します。連休でも何だかせわしない！

▶ 2016/05/12
目玉おやじおにぎり 春

今日は長男＆次男弁当です。次男もお弁当だったのをギリギリで思い出しました。思い出してよかった！ 目玉おやじおにぎりは2個とも次男のもので、長男は明日まで減量弁当です。

お弁当3つだとバタバタです！

▶ 2016/07/21
ケチャップライス＆
唐揚げ弁当 夏

ケチャップライス、唐揚げ、卵焼き、プチトマト、魚肉ソーセージケチャップ炒め・鶏むね肉、ゆで卵、きゅうり

今日は旦那さん＆息子たち弁当です。お弁当が3つになるとバタバタします。内容も違うから時間がかかる！今日はギリギリ間に合いました。旦那と次男にはケチャップライスに唐揚げ。長男にはいつものサラダ弁当。

▶ 2016/07/28
オムライス弁当 夏

オムライス、チキンナゲット、きゅうりの浅漬け、ゆで卵、プチトマト、茹でブロッコリー

オムライスの卵、失敗。ケチャップも途中で失速、勢い不足（笑）。まぁ、雨降りだしこんなもんでしょう。今日は次男が高校のオープンキャンパスです。ちなみに明日も。高校、遠いので送ってきます。

暑い日には冷たい麺！

▶ 2016/07/28
冷やしうどん弁当

冷やしうどん

今日は冷やしうどん弁当4人分。次男の野球の大会の応援に行きます。今日は旦那さんは仕事なので、私の父と母と応援に。暑い日は冷たい麺が食べやすくていいですよね。クーラーボックスに入れていきます。食べるときに混ぜつゆをかけて。

▶ 2016/08/19
照り焼きチキン弁当

照り焼きチキン、茹でとうもろこし、卵焼き、ひじき煮、レンチンかぼちゃ、粉ふきいも

今日の旦那さん＆長男弁当です。今日は照り焼きチキン弁当にしました。雨が降っていてとても蒸し暑い！ 今日は次男は駅伝大会に出るための試走だそう。水分たっぷり持って、行ってらっしゃい！

▶ 2016/08/22 ｜ そうめん弁当

そうめん、卵焼き、人参きんぴら、豚のしょうが焼き、プチトマト

今日は長男弁当のみです。蒸し蒸し暑いのでそうめん弁当に。何度も作ってるけど、考えるとずっと減量してた長男には作ってなかったと気が付きました。夏が終わる前にそうめん弁当を持たせることができて良かった！

▶ 2016/09/02　ハンバーグ＆タコミート弁当

今日の旦那さん＆長男弁当です。今日は冷凍しておいたハンバーグと昨日ちょびっとだけ残ったタコミートを使い切り。ピーマンを大量にいただいたので、ネットで話題の「無限ピーマン（ピーマンとツナとごま油、鶏がらスープの素、塩こしょうをレンジでチン）」をまた作りました。

いただいたピーマンで「無限ピーマン」！

困ったときのお稲荷さん！

▶ 2016/09/08
お稲荷さん弁当　秋

お稲荷さん、オクラの肉巻き、卵焼き、茹でとうもろこし、大学いも

今日の旦那さん＆長男弁当です。今日は困ったときのお稲荷さん弁当。残ってたオクラの肉巻きと、半端に残ってた作り置きを詰めて何とか！今日は雨が降る予報、そして気温も上がらないようです。だけど次男は今日、着衣水泳だそうです。

下準備しておいて朝揚げました！

▶ 2016/09/09
白身魚のフライ弁当　秋

マカロニサラダ、アスパラのバター炒め、カニカマ入り卵焼き、とうもろこし、ブロッコリー、プチトマト、しば漬け、黒米入りごはん

今日の旦那さん＆長男弁当です。今日は白身魚のフライ弁当です。揚げるだけに下準備しておき、今朝揚げました。たくさん揚げたので、今晩も食べます。あとは、マカロニサラダ、アスパラのバター炒め、カニカマ入り卵焼きなど。

18：MARIMO（@MARIMO221）

作り置きを利用したお弁当!

▶ 2016/09/20
オクラの肉巻き弁当

オクラの肉巻き、無限ピーマン、きんぴらごぼう、卵焼き、人参きんぴら、きゅうりの浅漬け、ミニトマト、しばわかめ、雑穀米入りごはん

今日の旦那さん&長男弁当です。卵焼き以外は全て作り置きからです。何だかごちゃごちゃしちゃいましたが……。

食べやすいサラダ巻き♪

▶ 2016/11/27
サラダ巻き弁当

サラダ巻き、肉団子、卵焼き、プチトマト、茹でブロッコリー、みかん

今日は模試の次男弁当。サラダ巻きにしました。今日は模試。明日から学校の定期テスト。来週は実力テスト。受験生、怒涛のテスト期間に突入です。頑張れー!

▶ 2016/11/30 豚コマボール弁当

豚コマボール、卵焼き、かぼちゃ煮、人参きんぴら、茹でブロッコリー

今日の旦那さん&息子たち弁当です。次男の分は置き弁です。豚コマボールは、豚コマに酒と醤油、こしょうで下味付けて、刻んだパセリ、卵、コーン、にんにく、小麦粉を混ぜて丸めて揚げたものです。簡単だけど、やわらかくておいしい!

うちの定番!豚コマボール。

18:MARIMO (@MARIMO221)

▶ 2016/12/16　厚切りベーコンフライ弁当

厚切りベーコンフライ、卵焼き、茹でブロッコリー、プチトマト、粉ふきいも

今日は旦那さん&息子たち弁当。次男、朝揚げ物してると必ずのぞきに来ます。今日はベーコンフライ、ひと切れ奪われました。帰宅後に感想を聞いたら、「あれヤバかった!!」だって(笑)。またいつか作ろう。

ボリューム満点、厚切りベーコンフライ！

▶ 2016/12/11
作り置き記録

豚汁、白菜と鶏むね肉の中華クリーム煮、大根と鶏ひき肉のトロトロ煮、きんぴらごぼう、おからナゲット、鶏唐揚げ、ちくわチーズ、味玉、刻みねぎ、つきこんきんぴら、茹でブロッコリー、さつまいもバターソテー、いんげんのごま和え、かぼちゃのマッシュ、大根漬け物、鶏そぼろ

おからのナゲットは息子たちが小さい頃よく作っていたもの。今週もちょこちょこ作り足しながら、乗り切っていきたいと思います。

▶ 2016/12/13
鶏そぼろ弁当

鶏そぼろ、しば漬け、炒り卵、ゆで卵、ちくわチーズ、おからナゲット、つきこんきんぴら

今日の旦那さん&長男弁当です。今日は鶏そぼろ弁当。あとは作り置きを詰め詰め。寒い寒い朝です。起きて来たのにコタツでウトウトする次男に「ほれ———!! 起きて——!! 寝るな——!!」と言い続ける毎日。お母さんもコタツに入りたいわ。

18:marimo (@MARIMO221)

19

itsuki さん
(@itsu72)
ITSUKI

➡ Instagram「@itsu72」

お弁当作りを開始する時間	お弁当作りにかかる時間
5時30分	1時間(作り置きや下ごしらえはほとんどしない)

岡山県在住、40代、勤続26年の会社員。5歳ずつ離れた3人の男の子の母。それぞれ約1年の育休をとり、その都度職場復帰。長男が高校生になると同時に、毎日3個のお弁当作りが始まる。給食のない長期休みは5個のお弁当作り。憧れる丁寧な暮らしとは程遠い毎日。成長期の息子たちが、栄養のあるものをしっかり食べてくれることを願う。

▶ ご家族構成
夫、長男17歳、次男12歳、三男7歳、私

▶ お弁当へのこだわりを教えてください
お野菜をできるだけたくさん使い、冷めてもおいしく食べられるものを入れる。

▶ 自分の作るお弁当の良いところを教えてください
素材がわかっているので、安心して食べられる。

▶ 今後チャレンジしたいことがあれば教えてください
レパートリーを増やしたい。作り置きおかずを上手に活用できるようになりたい。

> 毎日3個、長期休みは5個のお弁当を作っています。

▶ 2016/03/18
天丼

春

天丼

今日は、天丼です。きれいに揚がりました。揚げたてを食べるのが一番なんだけどね。もっとタレ、多めでもよかったかなー？ 最初に起きてきた次男は、まずエビ天をつまみ食いしました。寝起きによく食べられるもんだわ……。今日は、小学校の卒業式。次男は5年なので出席します。

少ないと言われたのでわっぱ弁当に!

▶ 2016/04/05
牛肉と玉ねぎとコンニャクの甘辛炒め

春

牛肉と玉ねぎとコンニャクの甘辛炒め、エノキ人参ベーコン、ねぎ入り卵焼き、ほうれん草のごま和え、プチトマト、昆布の佃煮、鮭フレーク

昨日、学童に行った三男、外で遊べて楽しかったらしいのですが、雨上がりの砂場だったので、服から靴からもうドロドロ……。毎日これだろうか……。まずは楽しく学童に行ってもらわないとなので笑って済ませましょう（笑）。

▶ 2016/04/06
鶏の唐揚げ

春

鶏の唐揚げ、タコ入りチヂミ、海苔入り卵焼き、ナポリタン、プチトマト、鶏そぼろ、昆布の佃煮

三男、昨日も、期待を裏切ることなくドロドロで帰ってきてくれました。弁当が少ないと言われたので、わっぱに入れてみました。梅干しがないのが三男用。7歳にはデカすぎかな（笑）。でもたくさん食べてくれると母は嬉しい。

▶ 2016/04/12
ハンバーグ

春

ハンバーグ、ひじきと大豆煮、ねぎ入り卵焼き、大根と豚肉の煮物、大根葉炒め、プチトマト、子持ち昆布、キウイ（三男のみ）

昨日は入学式でした。帰りに一緒に帰ったけど、ランドセル下ろしたり、畑に入ったり……。何かやらかしてくれそうで、不安要素たっぷり……。三男用にアイザワのお弁当箱を買いました。今日は、おにぎりがいいそうで、三角おにぎり2個入れてみました。

▶ 2016/04/14
牛肉のアスパラ巻き焼き

春

牛肉のアスパラ巻き焼き、小松菜と人参と豚肉炒め、ねぎ入り卵焼き、ひじきと大豆の煮物、プチトマト、子持ち昆布、鮭フレーク、キウイ（三男のみ）

果物が大好きな三男。果物を絶対入れて、と言われていたのに、今日はなんと私のお弁当（果物なし）を間違えて持たせてしまった（笑）。迎えに行ったら機嫌の悪いこと！ 帰宅してりんごを丸かじりしてました（笑）。

残り物を一掃したお弁当

念願の一升炊き!

▶ 2016/04/15
鶏の唐揚げ

春

鶏の唐揚げ、鶏のパン粉焼き、サワラの竜田揚げ、コロッケ、きんぴらごぼう、ほうれん草入り卵焼き、スナップエンドウとほうれん草のごま和え、プチトマト、子持ち昆布、鮭フレーク、りんご・バナナ（三男のみ）

ひとり分のお弁当のときに……と冷凍してたモロモロを一掃しました。冷蔵庫の野菜も中途半端に残ったものを片付けました。

▶ 2016/04/30
1升炊きガス炊飯器

春

ガスの配線工事をしてもらって、念願の1升炊きガス炊飯器になりました！　台所にすごい存在感！　全然かわいくないけど、ご飯作る場所だからいいや。さっそくお昼に炊いて食べてみます！
仕事から帰ってきて見た旦那が、食堂とかお店に置いてありそうなくらい大きいなぁ！ってびっくりしてました（笑）。

鶏そぼろがあると便利！

▶ 2016/05/10
おろしミニ串カツ

春

おろしミニ串カツ、切り干し大根の煮物、サヤエンドウ入り卵焼き、ほうれん草とベーコンのトマトパスタ、プチトマト、しそ昆布

やんちゃな三男。担任からの初電話がありました。お友達と少しあって、椅子から落ちてほんのちょっと耳に傷。大泣きして保健室に行ったらしいです。GW開け、調子に乗ってたのでしょう！　大きなことにならないよう、落ち着いて欲しいです。

▶ 2016/05/30
チキンカツ

春

チキンカツ、根菜の煮物、ねぎ入り卵焼き、大根葉炒め、プチトマト、鶏そぼろ

運動会の振替休日のため、小学生2人は学童。家族5人分のお弁当になりました。揚げ物と煮物で場所をとろうという作戦でしたが、詰めるのに時間がかかりました！
鶏そぼろは、あまり作り置きしない私の唯一の常備菜。

▶ 2016/06/01　じゃがいもとチーズの豚肉巻きパン粉焼き

じゃがいもとチーズの豚肉巻きパン粉焼き、切り干し大根の煮物、れんこんと豆苗のごま塩炒め、ねぎとカニカマ入り卵焼き、プチトマト、ごま昆布

早帰りだった長男、以前好評だったじゃがバター（アルミホイルで包んでオーブンで焼いて、バター＆塩）をまた食べたいって言うので、「自分で作れば〜」と言うと10個焼いてた。夕飯後に焼きあがったのを、4個完食。よくそんなに食べられるなぁ。今日のお弁当にはそれをアレンジしたものを入れました。
うちの三男くんに、「宿題早くしなさい」って言うと「かあさん、なんで、早くせんといけんのん？」って言われた。早くしないで、ゆっくりでいいのにね。つい、何にでも「早く」をつけて言ってしまっている自分に反省。気をつけなきゃ。

夏休みは5個のお弁当作り

▶ 2016/07/19　ハンバーグ

ハンバーグ、れんこんとかぼちゃと人参のきんぴら、卵焼き、小松菜と揚げとちくわの煮びたし、プチトマト、きくらげの佃煮、おにぎり（次男、三男）

小学校は終業式。始まりました、お弁当！　これから夏休みの間、お弁当ほぼ5個作り！　今日、旦那は研修なので4個だけど、もう、4個も5個も変わらん。夏が乗り切れるかしら……。

▶ 2016/07/20　アスパラと人参の豚肉巻き味噌焼き

アスパラと人参の豚肉巻き味噌焼き、ねぎ入り卵焼き、タコの唐揚げ、揚げ餃子、ポテトサラダ、ナポリタン、茹でとうもろこし、プチトマト、ごま昆布

5個のお弁当のおかず、どれだけ作ったら埋まるのかよくわからずやってみたけど、作ったものを詰めたらほとんど残らない！　これが毎朝かと思うと、ゾッとしてきた（笑）！

▶ 2016/07/21
チキンカツ

チキンカツ、エビと豆苗と人参のガーリックオイル炒め、じゃがいもの豚そぼろ味噌炒め、ねぎ入り卵焼き、プチトマト、ごま昆布

長男も次男も、嫌いなものでもそれなりにちゃんと食べてくれるけど、一番わがままなのは三男！　もう少し大きくなったら何でも食べてくれるようになるかなー？　気長に待っときます。

▶ 2016/08/30
豚肉の
アスパラ人参巻きフライ

豚肉のアスパラ人参巻きフライ、カイワレ大根入り卵焼き、れんこんの肉みそ入りきんぴら、小松菜と揚げの煮びたし、ポテト卵サラダ、プチトマト、しそ昆布、おにぎり（三男）、黒米入り玄米（私）

三男、おにぎりじゃないとご飯を残して帰ってくるから、できるだけおにぎりに。私だけしか食べない黒米入り玄米は、まとめて炊いて冷凍してます。

▶ 2016/09/06
鶏の塩麹漬け焼き

鶏の塩麹漬け焼き、ひじきと大豆の煮物、アスパラ入りちくわの磯辺揚げ、卵焼き、山ほうれん草と人参のごま和え、プチトマト、ごま昆布

夏の疲れか、身体の周期によるものなのか、体のだるさがあったけど、今朝は復活！　家の中でゴソゴソばかりしてないで、涼しくなってきたし、外に出て体を動かしたいなー。

▶ 2016/10/03
トンカツ

トンカツ、ねぎ入り卵焼き、小松菜と人参のピリ辛肉みそ炒め、根菜と鶏肉の炒め煮、プチトマト、しそ昆布

昨日の晩ごはんで多めに作った煮物。甘みはみりんと、金沢の「じろあめ（米と大麦で作られた水あめ）」で。遅く帰ってきた長男、「おかわりある？　うめーわ！」。長男はこうやって口に出してくれるし、食べっぷりもいいので、作り甲斐があります。

▶ 2016/10/27
ひじき入りハンバーグ

ひじき入りハンバーグ和風ソース大根おろし添え、ねぎ入り卵焼き、ブロッコリーと紫玉ねぎと人参のサラダ、切り干し大根の煮物、プチトマト、しそ昆布

ハンバーグの和風ソースは、甘辛ダレにポン酢を混ぜたものに片栗粉でとろみをつけてかけてます。上には大根おろしと、大根葉。今日は、陸上をやっている次男の大会。次男には「来んでー」と言われました。でも、こっそりと行ってきます（笑）。

▶ 2016/11/16
塩鮭

塩鮭、イカの唐揚げ甘酢漬け、きんぴらごぼう、ねぎ入り卵焼き、ブロッコリーのおかか和え、ミニトマト、ごま昆布

最近、突発的な仕事が入って、日々いっぱいいっぱい。なんとかやってる感じ。主婦はやらなきゃいけないこともたくさんあるし、みんな頑張ってるんだよなぁ。私、最近、最低限のことしかできてない。丁寧に落ち着いて暮らしたいなぁ〜。

オムライスで簡単に！

▶ 2016/11/17
オムライス

オムライス、小イワシの唐揚げ、冷凍枝豆、ミニトマト

旦那と長男の分です。簡単にすませちゃったー。昨日は学童に、次男が迎えに行ってくれました。三男、また延長で最後に残る男の子ひとりとなって、涙流さなくて済んだよ。でも三男、家に着くなり、電話攻撃がすごい！「かあちゃんいつ帰るん？」「何時に帰るん？」「どこおるん？」……何分おきに電話してくるんだ！

▶ 2016/12/07
豚肉のソテー玉ねぎソース

豚肉のソテー玉ねぎソース、きんぴらごぼう、春雨と豆苗の肉みそ炒め、ねぎ入り卵焼き、βカロテントマト

昨日は次男の夜練の日。長男が帰ってきていて、三男は一緒にゲームして遊んでもらってたので、私ひとりで早めにお迎え。少し走ろうかなと思っていたら、お友達が走っていたので一緒に。運動不足だから、意識して体動かさなきゃね。

20 のんさん
(@non_la_non)

NON

→ Instagram「@non_la_non」

お弁当作りを開始する時間	お弁当作りにかかる時間
AM5時	前日準備30分＋朝1時間

大阪在住、3人の子を持つ母です。慌ただしい毎日ですができるだけ"丁寧な暮らし"を心掛けています。現在のお弁当作りは週に一度。にっこり笑顔のごちそうさま！が聞きたくて子供たちの顔を思い浮かべながらお弁当作りをしています。お弁当という小さな箱の小さな宇宙には食べる側も作る側も幸せな気持ちになれる不思議な力がいっぱい。「滋味弁」で食育。心まで豊かにと願います。

▶ご家族構成
夫、自分、長女21歳、次女11歳、長男7歳

▶お弁当へのこだわりを教えてください
既製品は使用せず手作りのおかず。おかずの仕切りはなるべく食べられるもの（大葉、レタス、きゅうり他）

▶自分の作るお弁当の良いところを教えてください。
栄養のバランスと彩り。

▶今後チャレンジしたいことがあれば教えてください。
子どもたちの成長に合わせレパートリーを増やしたい。詰め方をもっと工夫していきたい。

手作りおかずの「滋味弁」で心まで豊かに。

3時半起きで作りましたー！

▶ 2016/09/25
運動会頑張れお弁

バッカンおにぎり（焼鮭イクラごま大葉／ソーセー人大葉うずら味玉）

今日は下の子達の運動会でした。前夜に仕込みをし、朝は3:30起きでお弁当作り開始！
運動会弁当とおせち料理に関しては特別なスイッチが入るようです。「ソーセー人」は毎年リクエストされるおかずの一つ。今年は流行りの「バッカンおにぎり」にinしました♪

▶ 2016/09/25　運動会頑張れお弁

秋

エスニック唐揚げ、パッカンおにぎり、オクラ竹輪、野菜卵焼き、紅白なます、かまぼこのたくわんサンド、豆苗とお揚げのおかか煮、みょうがの甘酢漬け、赤キャベツハニーマリネ、味玉きゅうり串、大学芋、枝豆、卵マカロニサラダ、ピオーネ＆シャインマスカット

パッカンおにぎりに気を取られスイートパンプキンと柿を詰め忘れました。
息子は小学校初めての運動会！ 子供たちの一生懸命頑張る姿に胸が熱くなりました。
長い一日が終わり暑さと睡眠不足にクタクタ。とりあえず、お疲れさまビール飲ませて頂きます!!

▶ 2016/10/14　くるくるサンドイッチお弁

秋

サンドイッチ（卵焼き、大葉＆焼き肉、チーズハムきゅうり、いちごジャム）、シャインマスカット、柿

今日は下の子たちの遠足。リクエストに応えてくるくるサンドイッチを作りました。手を汚さず食べられて見た目の可愛さも子供達のお気に入りです♥
作り方はとっても簡単！ ラップの上にサンドイッチ用の食パンを置き、手前の方に具材を載せたら手巻きずしと同じ要領でくるっと巻いて半分に切れば完成です。お肉はハーブソルトで味付けするとパンがベタつかず時間が経っても美味しい！ さて、家事を済ませたら、子供達のお迎えは夫にまかせて奈良まで高島大樹さんの個展に行ってきます。

子どもたち
お気に入りの
くるくるサンド♪

▶ 2016/10/19 | 秋鮭の親子お弁

秋鮭そぼろとイクラの親子飯、鶏ささみの梅肉大葉包み、ピーマンとエリンギとおじゃこのごまポン和え、柿、りんご

今日は秋鮭の親子弁当でした。スジコで醤油漬けを作り、そぼろはみじん切りにした炒め玉ねぎに生鮭を加え、酒、砂糖、みりん、醤油で味付け。汁気をとばしながら薄めの甘辛味に仕上げます。普段はツナ缶で作りますが生鮭で作るそぼろも美味しかったです。

鶏ではなく、
鮭そぼろ。
おいしい！

▶ 2016/10/26 | 栗おにぎりお弁

栗っ子おにぎり、山いも梅酢漬け、ハムときゅうりのぐるぐる卵焼き、しめじ入り人参しりしり、あやめ小かぶの甘酢漬け、しば漬けポテト、赤キャベツハニーマリネ、柿

今日は栗おにぎり弁当です。が……まったく栗に見えませぬ。子供達よ、母の気持ちだけ受け取ってちょーだい。頭に付けたお花の飾りは長芋を飾り切りし、自家製赤梅酢に一晩漬けたものです。しば漬けポテトはマッシュポテトにバターと刻んだしば漬け、好みの調味料を混ぜるだけ！ ラップを使って茶巾絞りにすれば見た目にも可愛いです♪

▶ 2016/11/02 　蕗の炊いたんで滋味弁

鶏のサワー照り焼き丼、秋鮭とアボカドチーズの包み揚げ、フキと薄揚げのたいたん、卵焼き、たけのこ入りクーブイリチー、きゅうりとカニカマの酢の物、ぐるぐるハム、しば漬け、柿、おにぎり

小学生が食べるとは思えないとことん地味なお弁当になりました。
今日の子供達のおかずリクエストは「蕗の炊いたん」。好みが渋すぎるよ〜。
餃子の皮にトリュフ塩をした鮭、アボカド、チーズを包んで揚げてみたらとても美味しかったです。ワインのおつまみにもいいな。

小学生には
地味な
お弁ですが(笑)

▶ 2016/11/15 　27品目カラフル応援お弁

野菜たっぷり卵焼き、九条ねぎと牛ごぼうの甘辛煮、カボチャのたいたん、ちくわ海苔チーズ焼き、長いもベーコン、人参しりしり、じゃこピーマンの炒め和え、みょうがの甘酢漬け、赤キャベツハニーマリネ、自家製梅干し、柿

今日は長女と差し入れお弁の二つです。
心が元気になるように、栄養のバランスを考えながら彩り豊かなおかずを詰めました。
こちらの箸置きは中里博彦さん博恒さんご兄弟の作品です。こんなに小さなものにも中里さんの世界観がぎゅっと詰まっていて本当に素敵です！

ガッツだぜ！
そんな気持ちを
込めて♥

▶ 2016/12/07　肉だんご甘酢あんお弁

肉団子の甘酢あん、長いもベーコン巻き、プチトマトとマッシュルームのソテー、菊花かぶ、パプリカと大根のきんぴら、大根の千枚漬け、かぶの葉おかかごまのふりかけご飯、息子塩むすび、次女調理実習のためオカズのみ、いちご。

朝起きて冷蔵庫に卵がないことに気付きました。
昨日卵を買うためにスーパーに出掛けて何を買って帰ってきたんやろう〜。
卵焼きのスペースを埋めるべく、パプリカと大根できんぴらを作ってみたら、これがなかなか美味しかったです！　そしていちごを持たせるのも忘れてしまった私……大丈夫かな（涙）。

卵を
買い忘れて
ガーン！

▶ 2016/06/29　目玉焼きのっけドライカレーお弁

目玉焼きのっけのドライカレーですよ！
もりもり食べてお昼からも頑張ってね！
今日のお弁は長女のみ。下の2人は校外学習のため、おにぎりオンリー弁当でした。
ドライカレーには、パプリカのマリネ、みょうがとセロリの甘酢漬け、スライスきゅうりを添え、大好物の三度豆の胡麻和えも詰めました。
目玉焼きは鉄製のフライパンで焼くのが我が家流！　底がカリッと黄身はとろり美味しく焼きあがります。卵を落とす前に先にフライパンに塩をふるのも point！

目玉焼きは
鉄フライパンで
焼きます！

▶ 2016/07/07　息子曲げわっぱデビューお弁

アスパラ肉巻きフライ、ツナマカロニサラダ、卵焼き、甘辛コンニャク、人参のマリネ、わかめとごまのご飯、プチトマト

小1の息子に初めて曲げわっぱを持たせました。お弁当が入っていても、おかまいなしに鞄を横向きにする彼が平和なランチタイムを迎えられるのか？　かなり不安ではありましたが、きれいな状態で持ち帰りホッとしました。幼稚園の頃、お弁当箱に食べ残しがあるにも関わらず、蓋を閉めずそのまま鞄に放り込み持ち帰った事がありましたが、小学生になって少し成長したんですね。母はちょっぴり感動しました。

たいへん
よく
できました！

▶ 2016/11/09　やわらかヒレカツお弁

ヒレカツ、ほうれん草おひたし、ツナスパサラダ、卵焼き、あやめ雪かぶの甘酢漬け、自家製梅干し、柿

今日はヒレカツ弁当でした。自家製の梅干しは今年漬けた縁起物の「申年の梅」。大切に大切に食べています。梅干しを漬ける際は面倒でも赤じその選別をし、表も裏も赤い葉だけを使用すると鮮やかな赤に発色します。赤梅酢はさまざまなお料理に使えるので我が家の定番調味料です。今日はお弁当を作り子供達を学校へと送り出した後、中里博彦さん博恒さんの展示会へお伺いしました。とっても美しい作品をお迎えすることができ幸せな一日になりました。

21

まつぼっくりんの お弁当集さん
(@chiku2tree)

CHIKU2TREE

➡ Instagram「@chiku2tree」

お弁当作りを開始する時間	お弁当作りにかかる時間
朝5時30分頃から	1時間程度

兵庫県神戸市在住、眼科勤務、アラフォー。子どもの頃は髪もとかずに登校するような、とにかく大雑把な子でした。そんな私がキャラ弁を作るようになるなんて、親がいちばん驚いているかと……（笑）。キャラ弁は前の晩に考えたり、行き当たりばったりで作ったり。とにかく何かと顔を付けたくなる性分です♪　高校一年の息子はお弁当に全く無関心ですが、嫌がらず持って行ってくれるので、キャラ弁は作り続けたいと思います！

▶ご家族構成
夫、自分、息子16歳

▶お弁当へのこだわりを教えてください。
蓋を開けるのが楽しみ〜になるような、お弁当作り目指してますッ！

▶自分の作るお弁当の良いところを教えてください。
魚介類嫌いの息子なのでせめて野菜は多めにと思ってます。

▶今後チャレンジしたいことがあれば教えてください。
野菜の飾り切りや断面のきれいなおかずなど（肉巻きなど）見た目きれいなおかず作りにチャレンジしたい！

> 季節感や思い付きで（笑）キャラ弁作りを楽しんでいます★

天狗じゃないよ、かっぱだよ！

▶ 2015/06/10

これぞ！かっぱ巻き！ 夏

今週は梅雨をテーマに、悩みながら作ってます。今日は正真正銘のかっぱ巻き！　意外と息子には好評でしたが、「なんで天狗なん？」だって……トホホ。

▶ 2015/06/29 | 赤ウィンナー金魚で涼しげに☆

夏

赤ウィンナー消費のため、今日は金魚〜！ちょっと涼しげに！ ウィンナーを切って茹でるだけだからカンタンだよ♪ 私のキャラ弁作りで欠かせないのは、カッターとハサミとピンセット、それにつまようじ〜！

切って
茹でるだけ〜！
涼しげに☆

▶ 2015/06/30 | スイカで満腹、お昼寝ペンギン

夏

まだまだ眠〜い！ そんな日は……スイカをたくさん食べて満腹、のお昼寝ペンギン！ お腹を冷やさないように、薄焼き卵のお布団かけて（笑）。偽スイカは青じそとカニカマと黒ごまでできてるよ。これは作り終えるまで、一時間半くらい！でもお弁当に無関心の息子は、お構いなしにペロリッ♪ 完食が嬉しいんだけどね！

スイカは、
カニカマと青じそと
黒ごまです！

21:CHIKU2TREE (@CHIKU2TREE)

▶ 2015/07/08 | スイカの季節到来～！

夏

スイカの季節到来～！ 黒ごまで頭真っ黒。ごまの消費ハンパな～い！ 目とかは、小さいハサミで切ってるよ。ハサミはお弁当グッズコーナーにあったピンセットとセットで¥1080くらいのものを愛用してる。このスイカは、青じそとノリとカニカマ。種は黒ごま。早く梅雨明けしないかな～！

▶ 2016/01/18 | オニは外～！ 福は内～！

節分弁当！ オニさんは、カニカマとブロッコリーとチーズと海苔。升は、平天（揚げかまぼこ）で！ 花形の卵焼きは、①芯になる具材を1度薄焼き卵で巻く。②①を芯に巻きながら卵焼きを焼く。③焼いたものをラップに包み円柱状に整え、その周りに竹串を5本等間隔に配置し輪ゴムで固定。④それをさらにラップで包み冷蔵庫で保存。

雪だるまにマフラーつけてあげました♪

▶ 2016/01/21

この季節ならではの雪だるまにぎり！

冬

今日も寒いッ！　この季節ならではの雪だるまにぎり！あまりの寒さなのでマフラー付けてあげました（笑）。水玉マフラーはカニカマを開いて赤と白に分け、白い部分をストローでくり抜いて、赤いマフラーに見立てたカニカマにドット模様をマヨネーズをノリ替わりにしてのせてます！　緑マフラーは、きゅうり！　息子、どんな顔して食べてるのか……（笑）。

春よ早く来～い！

▶ 2016/02/09

早く春よ来～い！タンポポ弁当

冬

まだまだ寒～い！　早く春よ来～い！　タンポポは錦糸卵です。おかずはほぼ前の晩ご飯、取り置きしておいて、使ってます（笑）。花形の卵焼きや肉巻きは前の晩に作ってます！　朝はバタバタだもんね～！

リーゼントの中身はオムナポリタンです♪

▶ 2016/03/01

リーゼントの「おじ握り」

春

歳いっても髪型だけはこだわってますッ！　的な不良オジさん！　イカした髪型ですが、頭おもッ！（笑）　このリーゼントはオムナポリタンでできてます。ザ・炭水化物弁当（笑）！

▶ 2016/03/03

ヒゲ三つ子の「おじ握り」

春

ネタに困っておじさんたちに頼ったわ～！　ハゲ散らかしてる、ヒゲ三つ子！　これだけのためにパセリ買った……（笑）。食欲そそるビジュアルではないけどまだまだ作りま～す。

▶ 2016/03/08

中学最後のお弁当

今日が中学最後のお弁当。なのに今日は事情ありで……手抜きカツカレー（笑）。朝は息子の顔見ずに出る予定だったんだけど、付せんに息子から「お弁当ありがとう」って！ ちょっと感動!! 当たり前に作ってたけど改めて「ありがとう」って言われるとやっぱり嬉しい！ 早起きが報われた（笑）。4月から高校生弁当、また作ります！

▶ 2016/04/20

レゲエもどきなオッサン弁当

九州各地で地震災害……これ以上被害が広がりませんように。あたしも20年前に阪神淡路大震災を経験したにもかかわらず、今普通に生活できてるのが当たり前になってました。感謝の気持ちを忘れたらいけないね。今日は陽気なおっさんです。

▶ 2016/06/09 ｜ 枝豆でカエルちゃん

梅雨バージョンで作ってるんだけど、今日は晴天（笑）。老眼と闘いながら朝5時半からチマチマ作ったよ。枝豆のカエルちゃん。ほっぺの赤は、ケチャップです。コアラみたいに葉っぱにしがみついてます（笑）。肉巻きは、ヤングコーンと大葉を豚肉で巻いてます！

枝豆の
カエルちゃん！
チマチマ作ったよ～

21:CHIKU2TREE (@CHIKU2TREE)

▶ 2016/06/23 | 懐かしのスイミー

夏

今日は賞味期限ギリギリのカニカマを消費しました。朝から太めのストローを斜めに切って魚型に。後はカニカマを開いてくり抜いていくだけ。チマチマと〜朝から目が疲れた！ あんまり勉強した記憶ないんだけど（笑）、スイミーは覚えてるわ（笑）。

太めのストローで魚型を作ってくり抜きます！

▶ 2016/09/13
つくね10兄弟

秋

今日は「だんご3兄弟」ならぬ……つくね10兄弟！　目はチーズでできてます。肉好き息子には、嬉しいお弁当だったのではなかろうか。息子、どの子から食べたんだろ？（笑）　先につくねを全部食べたんじゃ……と思う（笑）。お弁当は願掛け？みたいな……（笑）。なんか気合いで作ってます！

ソーセージンにちくわの帽子と浮き輪♪

▶ 2016/09/30
困ったときの「ソーセージン」

秋

ネタに困ったときは、「ソーセージン」！　ちくわの帽子と浮き輪♪　来年の夏はコレに決まり！　花ハムのポテサラ巻きは食べごたえもあって、おいしい。定番おかずですよ。

22

加藤めぐみさん
(@megumi.0629)

MEGUMI KATO

➡ Instagram「@megumi.0629」

お弁当作りを開始する時間	お弁当作りにかかる時間
朝6時15分頃	45分

名古屋市在住の38歳主婦。9歳と4歳の男の子がいます。昨年、下の子が入園し幼稚園弁当を作る生活が始まりました。毎日のお弁当の時間が楽しくなるような、笑顔になるようなお弁当作りを心がけています。「今日もピカピカ賞だよ！」と空っぽのお弁当箱を見せてくれるときが最高に幸せです。

▶ご家族構成
夫、自分、長男9歳、次男4歳

▶お弁当へのこだわりを教えてください
見て楽しんで子供でも食べやすく残さず食べられるお弁当。

▶自分の作るお弁当の良いところを教えてください。
子供に楽しんでもらえるお弁当。

▶今後チャレンジしたいことがあれば教えてください。
最近は食べられる量も増えたので、もっと旬の食材を取り入れたお弁当作りができたらなぁと思います。

> 空っぽの
> お弁当箱を
> 見せてくれるのが
> 幸せです♪

今日も全部食べてくれました♪

▶ 2016/05/24

黒豆でパンダ弁当

春

パンダおにぎり、黒豆、ミートボール、チキンナゲット、ウィンナー、茹でブロッコリー、茹でにんじん、ミニトマト、みかん、パイン

今日の幼稚園弁当〜！　黒豆を使ってパンダ弁当♪揚げパスタで黒豆をくっつけました。黒豆は丸くてつやつやでパンダにぴったり！　帰宅後すぐに「ママ〜お弁当箱見て〜！」今日も空っぽ♪　全部食べてくれてありがとう〜！

▶ 2016/06/16　今日も黒豆でパンダ弁当

パンダおにぎり、黒豆、ミートボール、れんこん煮、きゅうりのゆかり和え、ミニトマト、みかん

今日の幼稚園弁当〜！　またまたパンダさん♪　ハートのハムを持たせてみました。「ふじっこ」の黒豆が大好きな弟くん、今日も朝からいっぱい食べて行きました。お昼は、黒豆6粒で足りたかな〜（笑）？

黒豆が
大好きな弟くん♪
足りたかな？

▶ 2016/10/28　パンダおにぎりの遠足弁当

パンダおにぎり、卵焼き、ウィンナー、きんぴら、ほうれん草とコーン炒め、ミニトマト、茹でブロッコリー、りんご

今週の幼稚園弁当〜！　弟くん、動物園へ遠足でした♪持ちやすいようにパンダおにぎりのお弁当。春の遠足はインフルエンザで行けず、今回が初めてだったので私のほうがドキドキ。天気もすごくよくて無事に行けてよかった！　イケメンゴリラもいたよー！　お弁当食べるのが一番楽しかったーって言ってくれて、よかったよかったです！

パンダ
おにぎりで
食べやすく♪

22:MEGUMI KATO (@MEGUMI.0629)

▶ 2016/11/02　昆布とふりかけで顔弁

顔弁（ご飯、塩昆布、ふりかけ）、きんぴら、ウィンナー、さつまいも甘煮、茹でブロッコリー、りんご

今日の幼稚園弁当〜！　塩昆布とふりかけで顔弁作ってみました！　変な顔だなぁ〜（笑）。あとりんごアートでひらがなのお勉強！　最近、ひらがなに興味を持ち始めたから、これで覚えてくれたらいいな。これで「りんご」は覚えてくれたかなぁ〜。

塩昆布と
ふりかけで
顔弁！

▶ 2016/11/04　きんぴらごぼうで顔弁

顔弁（きんぴらごぼう、海苔）、ミニコロッケ、茹でブロッコリー、ハッシュポテト、ミニトマト、ぶどう

今日の幼稚園弁当〜！　きんぴらごぼうヘアの顔弁にしました！　きんぴらごぼう好きだから、弟くんも喜んでたよ！　作るのも簡単だし顔弁って楽しい〜？　次はどんな顔に……

きんぴら
ごぼうヘア、
好評でした♪

22:MEGUMI KATO (@MEGUMI.0629)

▶ 2016/11/09 | こぶた弁当

こぶたちゃん（ご飯、ピンクのデコふり、海苔、ハム、揚げパスタ）、卵焼き、ウィンナー、えびカツフライ、りんご

今日の幼稚園弁当～！ 三匹のこぶたちゃんと、りんごアートでひらがなのお勉強シリーズ♪ 今回は「こぶた」！ こぶたちゃんの耳はハートにくりぬいたハム。鼻もハムで揚げパスタ2本でさしてとめました！

▶ 2016/11/15 | こにぎり弁当で、幼稚園弁当～♪

こにぎり、ふりかけご飯、れんこん煮、ハッシュポテト、ミニトマト、茹でブロッコリー、みかん、りんご

ふりかけご飯の上に「こにぎり」。こにぎり、簡単でかわいくてハマり中。弟くんもこにぎりちゃん、気に入ってくれました。そしてりんごアートでひらがなのお勉強～♪ ちゃんと読めてるかしら。今日はりんごに「み・か・ん」です（笑）。デザインナイフで、ひらがなを彫るの、楽しくなっちゃいました。

りんごで
ひらがなの
お勉強♪

23

お弁当作りを開始する時間	お弁当作りにかかる時間
5時45分	35分

Norikoさん
(@nori_nori_ko)

NORIKO

➡ Instagram「@nori_nori_ko」

> 子どもの食べたいものと、母として食べさせたいものの攻防戦。

千葉県在住、団体職員（伝統文化団体の広報をしています）、40代。長男の中学受験の塾弁を期にお弁当生活をスタート。現在は高校生と中学生の息子2人と私たち夫婦の家族4人お弁当生活です。2人の息子たちが大人になったとき、季節の味や食卓をふと思い出してくれればいいなと思っています。

▶ご家族構成
夫、自分、長男15歳高校1年、次男12歳中学1年

▶お弁当へのこだわりを教えてください
「子どもの食べたいメニュー」と「母親として食べさせたい食材」の攻防戦。単純にお肉が食べたい子どもたちと、季節の食材を味わってほしい母の思いをお弁当に詰めています。

▶自分の作るお弁当の良いところを教えてください。
どーんとインパクト弁当。朝、冷蔵庫を開けメニューを考えます。「作った料理は早く食べるのが一番おいしい」が持論、作り置きしない派。

▶今後チャレンジしたいことがあれば教えてください。
ひと手間かかったお弁当。きっちり詰まったお弁当。

▶ **2016/05/25**

ハンバーグ弁当

春

ハンバーグ、長いもフライ（海苔塩）、卵焼き、ピーマンじゃこきんぴら、かまぼこ、手づなコンニャク、プチトマト、ごまたくあんごはん

ハンバーグはできあがり間際に、ケチャップとオタフクソースをジャーッとからめる。これが我が家の定番一番人気♪　高1太郎さんは考査3日目で置き弁です。置き弁はチンして食べるとおいしいよ（このわっぱのお弁当箱2年間チンに耐えてます。旦那さん＆私の仕事場で）。
長芋はしっかり火が通っていなくても食べられちゃうスピード料理のエースです。よく洗った皮つき長芋を輪切りにして素揚げに。青海苔と塩をふって、おつまみにもいいですよ。

▶ 2016/05/31　トマトごはんとペラペラ豚カツ

トマトの炊き込みごはん、ペラペラ豚カツ、もりもり千切りキャベツ、9分ゆで卵、いんげんごま和え

学生服の男子が2人ウチでうろうろ、なかなかの暑苦しさ……。衣替えシーズン。半袖ワイシャツを着ればいいのに、長袖シャツの袖をまくって着るのが最近のオシャレとか。それ買う前に言ってよね。トンカツソースをたっぷり目にかけて、食べるときにはレモンをキュッとお弁当全体にしぼります。お肉もキャベツもさっぱりとガッツリと食べられます。

▶ 2016/06/16　ピーマン肉詰め弁当

照りってり♪ピーマン肉詰め（しめじ率30％）、卵焼き、水菜と鶏ハムのナムル、大学いも、手綱コンニャク、紫キャベツのマリネ、プチトマト

今日から初の中間テストの中1チビ介。朝から「眠い〜」を連発！　いやいや、君はいつも通り10時半に寝てましたけど……特別なことはしてませんけど。……さっ♪　元気いっぱい、いってらっしゃい！　兄弟そろって家を出ました。
お肉がどーんと見えるけど……中には野菜がたっぷり。この日はしめじですが、人参とか青ねぎとか、きざんで入れればペロリと完食。見た目よりずーっとヘルシー。

▶ 2014/06/18　いろいろお稲荷さん

夏

みんな大好きなお稲荷さん♪

いろいろお稲荷さん

たまには大好きなお稲荷さんに、これまた大好きなイクラを入れましょう。作りすぎ(笑)。今日は太郎さんの授業参観＆懇談会。懇談会で自分の子の席に座るんだけど、机の上に中間考査の結果が置いてある。その後、先生のお話が耳に入ってこない(これ毎回)。さあ、気を引き締めて行ってくるかな！
お弁当にイクラが入ってるとその日のお弁当注目率が断然高いらしいです。

▶ 2016/07/04　なすのつくね挟みかば焼き

夏

とうもろこしごはん、なすのつくね挟みかば焼き、黄色ズッキーニと鶏のハーブソテー、ブロッコリーとしらすナムル、オクラごま和え、目玉焼き

どうしてもなすを食べないと中のお肉が食べられない構造。甘辛ダレで絡めれば、子どもも大人も好きにきまってる。
とうもろこしごはんは、とうもろこしを包丁で削ぎ切りにして、芯も一緒に、塩ひとつまみ入れてごはんを炊くの。それだけでおいしい！　朝から兄弟の名前を言い間違え……「ママ、オレの名前12年も呼んでるのに、まだ覚えられないの？」。……違うよ、歳なんだよ……。

とうもろこしごはんがおいしい！

▶ 2016/06/27 | 4色丼

4色丼（卵そぼろ、焼き甘塩鮭、きゅうりのナムル、あいびき肉甘辛味噌焼き）

みんな大好きそぼろ丼です♪　本日はカレー用スプーンでがっつり食べられますよ。肉そぼろにはしょうが、ねぎの青い部分、ごまが入ってます。甜麺醤でチャチャッと炒めてこれはごはんが進むんです。

がっつりそぼろ丼！

▶ 2016/06/29
みょうが手まり寿司

みょうが手まり、ハーブ手まり（ローズマリー、葉山椒、バジル）、ささみねぎロールフライ、なす肉巻き甘辛味噌炒め、柚子白菜、オクラごま和え、9分ゆで卵

手まり寿司には新しょうがの甘酢漬けとごまたっぷり入り。甘酢漬けにするとみょうがの辛さがなくなるから、多分、男子でも食べられる……はず。

▶ 2016/07/19
枝豆とたたき梅のおにぎり

枝豆とたたき梅のおにぎり、昆布おかかごまのおにぎり、ローストビーフロール、金糸瓜といんげん、卵焼き、ちくわ磯辺揚げ、オクラおひたしごまよごし、プチトマト

お肉大好き！　ローストビーフも中に青ねぎを入れて巻き巻き、青ものも食べよう。2種の混ぜごはんの俵おにぎりでいつもと違ったお弁当に。

23:NORIHO (@NORI_NORI_HO)

▶ 2016/07/26 揚げぎょうざ

とうもろこしご飯、揚げぎょうざ、卵焼き、かぶ柚子漬、紫キャベツの塩もみ、枝豆田楽、トマト（アイコ）

冷凍しといた手作りぎょうざ、焼いてメインにと思ってたけど、昨日Instagramで揚げぎょうざを見かけたので早速やってみる。こっちのほうがヤング受けしそう。イイ匂いって寄ってきたよ（笑）。カリッカリの揚げたてが食べたくなるよね。でもこれ、お昼に食べても香ばしいです。

ヤングウケ（笑）
バツグン、
揚げぎょうざ！

▶ 2016/09/21 骨抜き手羽先唐揚げ

骨抜き手羽先唐揚げ、卵焼き、じゃこピー、プチトマトとちくわハーブソテー、かぼちゃフライ（カレー塩）

軟弱男子チームは手羽先の骨が嫌だと言うので、骨抜きにしてお弁当に入れる。手羽なんて骨をしゃぶるもんだ！と思いつつ。こんな男子にお嫁さまのもらい手あるんかいな。あ、ひとりは私がもらったんだっけ（笑）。私はもちろん骨付き派♪ 手羽を揚げるのと一緒にプチトマトとかぼちゃも素揚げ。カレー粉をまぶせばいつもと違ったフライになります。

▶ 2016/10/25　松茸ごはん

松茸ごはんの素で炊いたごはん、れんこん挟み焼きししとう添え、ゆで卵、りんご、栗

松茸がお高くて買えなかったから、スーパーで売ってる松茸ごはんの素で。エリンギみたいな松茸ペラリン。何枚入ってる？探し出すのにひと苦労。れんこんの挟み焼き、シャキシャキがとってもグー！栗の渋皮煮とりんごやブドウで秋がぎゅーっと詰まったお弁当に。ふたを開けたら「お！　秋だね」と気づいてほしいな。

▶ 2016/10/12　北海親子丼　秋

北海親子丼、豚カツ＆千切りキャベツ、オクラちくわ、大学いも、9分ゆで卵

今日は完食できるかな？　いつも何か残してくるんですよ。好きなものだけ入れときゃ、そりゃ完食だけど、子どもに食べて欲しいモノもあるから、親子の攻防戦。今日はたぶん千切りキャベツね……。千切りキャベツがそこにある意味、あるからね。食べてね千切りキャベツ……。

▶ 2016/10/27　コロッケ＆うずらフライ

コロッケ＆うずらフライ、ピーマンとちくわのきんぴら、海苔塩ポテト、ピーラーピラピラ塩人参、梅干し、ごま塩ごはん

今日は、男子大好き揚げ物デー。でも人参も食べなはれ。朝っぱらから、一心不乱にピーラーで人参削ったわ。モリモリっと詰めすぎたかな（笑）。いつも男子チームに量が多いと言われます。

24

めぐさん
(@mgmgky)
MEGU

➡ Instagram「@mgmgky」

お弁当作りを開始する時間	お弁当作りにかかる時間
5時半〜6時半	前夜に1時間くらいで8割を仕込み、朝の仕上げはひとつのお弁当につき10分を目指しています。

　双子の入学とともに始まったお弁当作り！　まだまだ若葉マークのオベンターです。たまにオジサン（夫）の分も作ってあげる。「かかあ天下と空っ風」が有名な上州在住、ギリ30代、自営業。汁物大好きな家族のために季節を問わずスープジャーをフル活用！　夏は冷たい麺に冬は豚汁やおでんなど我が家のお弁当には欠かせないツールです。

▶ご家族構成
夫、自分、双子の息子と娘16歳

▶お弁当へのこだわりを教えてください
育ち盛りの双子のために第一にボリューム！　第二に手抜き！　最後にちょい見栄え！

▶自分の作るお弁当の良いところを教えてください。
頑張るところは頑張る、手を抜くところは手を抜く！　冷食もカップ麺も使います。

> 双子の息子と娘と
> たまに夫のために。
> 若葉マーク
> オベンターです。

むね肉の照り焼きもアリだね！

▶ 2016/04/26
鶏の照り焼きとそぼろ弁当 春

鶏の照り焼きとそぼろ、ほうれん草のソテー、炒り卵カレー風味、大人はピクルス、子供はしば漬け

「ためしてガッテン」の鶏むね肉が柔らかくなる裏技を試してみたらパサパサにならずしっとり。むね肉の照り焼きもアリだね♪　サッパリしてるし何しろ安い！　肉をフォークでブスブスブスからの、300gのむね肉なら水30ccに砂糖3gと塩3gを袋に入れてモミモミモミ……1分ですって！

▶ 2016/05/02　おにぎり「ポイ弁」

春

おにぎり（コーンバター醤油、枝豆と桜エビ、ゆかり）、唐揚げとだし巻き、常備菜いろいろ

学校が終わったらそのまま合宿に向かう娘に合わせて、使い捨て容器を使って「ポイ弁」に！　全国優勝したチームと試合できるそうでウキウキで出かけて行きました♪　女は強し！　……そして、息子、お弁当忘れてった！

使い捨て
お弁当箱で、
ポイ弁！

▶ 2016/05/03　おにぎらず弁当

春

ソースカツのおにぎらず、スパムのオムぎらず、オレンジと補食のおにぎり

手抜きじゃないよ！　試合なので食べやすいように（笑）。高校球児には炭水化物を食べさせておけばOKです。息子用におにぎらずを作るとこれでもかってくらいぎゅうぎゅうにしちゃうから、いつも海苔が破れる（笑）。作ってるだけで朝から胃もたれ（笑）。

食べやすい
ように
「おにぎらず」！

▶ 2016/05/08　ハンバーグ＆カレーそぼろ弁当

ハンバーグ＆カレーそぼろ、ゆで卵・ウィンナー・ホウレンソテー、グレープフルーツゼリー

合宿から帰って来た娘は、本日また遠征へ。彼女の青春はソフトボールなんだなぁ。母の青春が◯◯だったとは言えないなぁ（笑）。

塩レモンの浅漬けでさっぱり！

▶ 2016/05/12
うなたま丼

うなたま丼、塩レモン浅漬け

国産うなぎ、見切り品ゲット♪　スタミナ付けて頑張ってもらいましょう！　今日の最高気温は、28℃だって。本当は卵を、半熟トロトロにしたかったけど何せ気温がね。塩レモンの浅漬け、サッパリでおすすめ。

▶ 2016/05/13
薄焼き卵でサラダ巻き弁当

薄焼き卵でサラダ巻き、唐揚げとソーセージ、ちくわクルクル、種なしぶどうとオレンジ

今日も夏日になるそうな。酢飯で乗り切ってもらいましょう。娘のお弁当、ところどころつぶれてる（笑）。ドンマイ！　グリーンカールは、絶対食べてこないだろうな……完全に仕切り用員だ。

ライスバーガーおいしくできました！

▶ 2016/05/24
ライスバーガー弁当

春

ライスバーガー（焼き肉のタレご飯×プルコギ、バター醤油ご飯×ハムエッグ）

冷やご飯消費メニュー！　ご飯のバンズは夜焼いたの。朝は挟んだだけ（笑）。セルクル型を使ったけど、最終的に面倒になり、手で丸めた（笑）。某有名店にはかないませんがなかなかおいしくできました。……夕ご飯外で食べて来るって連絡はなぜか重なる。そして、みんな遅い！

▶ 2016/05/26
冷やし中華弁当

春

冷やし中華、ピリ辛ごまだれ、息子だけ肉巻きおにぎり

今日でテストも終わり、部活が「鬼モード」になるらしいです。鬼モードって何ぞや？（笑）　肉巻きおにぎり、少し片栗粉を入れたら、いい感じに照り照りしました。

▶ 2016/07/13
確実に鮭を狙っている……

夏

焼塩鮭、塩味玉、梅しそ鶏天、切り干し大根、きゅうり塩もみ、揚げシュウマイ、人参と小エビの塩きんぴら

確実に鮭を狙っている……。やっぱり魚系の匂いは嗅ぎつけてくるよね！　ペロもしてないんだよ！　スンスンしてるの。ペットをテーブルに乗せるのはやめましょう！的な広告に出られそう。降ろしても降ろしてもグイグイ来るんだよ（笑）。

カセットコンロで作ったお弁当〜！

▶ 2016/08/30
鶏の照り焼き丼

夏

鶏の照り焼き丼、梨

ガスコンロの火がつかないっ！　慌ててカセットコンロで作ったお弁当。何度も諦めようと思ったけど、雨の中コンビニ寄ってもらうのもかわいそうかなぁと。カセットコンロ、そこそこ使えた！　鶏は仕込んでおいたので良かったー。炒り卵作ってるときに若干イラつきましたが（笑）。明日、ガス屋さん来てくれることになった♪

24 : MEGU（@MGMGHY）

▶ 2016/09/20 ｜ 中華弁当

秋

炒飯と鶏の唐揚げ、麻婆豆腐

今日は雨で涼しそうなので、温かい麻婆豆腐をつけました♪ 麻婆豆腐は温かいほうがおいしいよね。息子の感想は「アリだね♪」だったよ。クラスのみんなにちょうだい！ちょうだい！って言われたらしい（笑）。
娘の麻婆はねぎなしで。ねぎ嫌いの娘……ねぎ大好き女の私としては信じられないレベルで……間違えて入れた日にゃあ、匂いが移るだ何だとうるさいうるさい（笑）。

温かい麻婆豆腐、好評！

▶ 2016/09/21 ｜ 韓国風弁当

秋

ジョン（晩酌の残り）、ニッポンハムの照り焼きチキンをコチュジャンで韓国風にしたの、ほうれん草のナムル、にんじんツナサラダ

昨日の中華弁当に続き、今日は韓国風弁当になりました。昔々、双子がまだ小さくかわいかった頃、毎月やっていた「食育デー」を思い出しました。国を決めて韓国だったらチヂミ、スペインだったらパエリアという感じで……一緒にご飯を作ったり。メキシコ→タコス・ブリトー、イタリア→ピザ、インド→カレー・ナンetc。双子にはその国にちなんだクイズを考えてもらったり。楽しかったな。懐かしいな。最近は朝から夜まで食べる時間がバラバラ……（遠い目）。

ちょっとJK寄り弁当♪

夜な夜なくるくるソーセージ作り(笑)

▶ 2016/09/26
ミニロコモコ丼

ミニロコモコ丼、ひとくちフランク、ひとくち和風パスタ、ミネストローネ

冷凍しておいたハンバーグと冷凍パスタ。月曜日用の冷食フル活用！　うずらの卵の目玉焼きだけ手を掛けた♪♪　男子にはかわいすぎたかな〜と思いつつ、たまにはJK（女子高生）寄りにもしないと。弁当いつもガッツリだよねって噂されてるんだって（笑）。

▶ 2016/10/14
バターチキンカレー弁当

バターチキンカレー

娘は今日から千葉合宿へ！　朝カレーを食べて出かけて行きました。昨日の大学見学では日体大を訪問。朝カレーに日体大とかアスリートかよ！　「くるくるソーセージ」、竹串を刺して、らせん状に切って、伸ばして焼くの。クックパット様にお世話になりました。夜、作業中に私って暇ね〜と思ったわ（笑）。オジサンには「寝ろ！」って言われたよ。

▶ 2016/11/29
オムライス弁当

オムライス、ハムカツとたらこスパ、エリンギとほうれん草ソテー、白菜とベーコンのシチュー、息子はカップ麺

テスト期間中でお昼帰りなのに、お弁当を持っていく謎！同じフライパン、同じ卵なのに、薄焼き卵の違いの謎！オムライスを上手に包めなくて、最近は、お弁当箱にラップ→薄焼き卵→ご飯の順に入れて、少し落ち着かせる！で、ひっくり返してお弁当箱の中へスポッと！

▶ 2016/12/01
ハンバーグ弁当

ハンバーグ、人参ツナサラダ、スティックセニョールのベーコン巻き、豚汁、息子だけおにぎらず

『ドクターX』の大門先生にどハマり中の息子。遅刻するよ！と言えば「私、失敗しないので」。テスト勉強しろ！と言えば「致しません」。……テスト勉強は致せ！私も「洗濯致しません！」と息子に言っておきました。

24：MEGU（@MGMGHY）

▶ 2016/12/07 | ビビンバ弁当

ビビンバ（ハラミ入りだよー♪）、カップ麺

朝練があると5時半に家を出る娘。その3時間後に家を出る息子。この時間差ったら！今日は子どもたちに人気のビビンバ弁当。全ての材料を前日に用意しておけるのでとても楽！

前夜に用意できるビビンバ弁当♪

うずらの卵の目玉焼き！

▶ 2016/12/14
チキンライス弁当

チキンライス、シャウエッセン、ブロコと舞茸のソテー、娘はわかめスープ、息子はカップヌードル

うずらの卵を割るときは、とんがっているほうを包丁で削ぎ落として、開いた穴から出してます。カップヌードルのお湯は、スタンレーの水筒を温めてから、ぐつぐつの熱湯を入れて持たせてます。ラーメン、何とかいけるらしい。

▶ 2016/12/15
とんカツ弁当

とんカツ、しらたきのたらこ炒め、ブロッコリーと卵のポテサラ、豚汁

娘、インフル疑惑によりお休み。私はその昔「あなたはインフルにはならない体質」とお医者さんに言われたことがある。そんなことあるのかな？（笑）でも、たしかに私は双子とオジサンがA型B型C型とコンプリート中でもうつらなかったことがある（笑）。それもどうなの。

24：MEGU (@MGMGHY)

前夜に鶏チャーシューを仕込みました♪

▶ 2016/12/16
鶏チャーシューと味玉弁当

鶏チャーシューと味玉、いんげんのツナ和え、かぼちゃのナムル、スパムおにぎり、カップスープ

朝がめっぽう弱い私、前夜にチャーシュー仕込んで、これをアテに焼酎お湯割り〜♪ かぼちゃの煮物、娘は大好きなんだけど男性陣にはおかずにならないと言われちゃって、ナムルならどうかなと作ってみた。

▶ 2016/12/20
鶏の照り焼き弁当

鶏の照り焼き、炒り卵カレー味、ほうれん草バター、切り干し大根ナポリタン、おにぎり（鮭・明太子・唐揚げ）、長ねぎと揚げの味噌汁

冬トレができなくてヘコんでる息子。でも太れるチャンスだぞ！ 切り干し大根ナポリタン、アラビアータやペペロンもおいしくできるよ！

▶ 2016/12/22
塩豚カルビ弁当

塩豚カルビ、甘さひかえめ卵焼き、アスパラとパプリカ焼いたの、息子だけ高菜チャーハン、わかめスープ

通知票楽しみにしてると息子に言ったら「お任せください！」との返答……どの口が言うのでしょう。通知票を開いた途端に、良い親子関係が崩壊（笑）。

▶ 2017/01/12
タンドリーチキン風焼き鳥弁当

タンドリーチキン風焼き鳥、普通のカレー

昨日の残りのミネストローネをカレーにしてスープジャーに！ ご飯は、炊くときに、ターメリックパウダーとバター入れて、ターメリックライス。卵にパセリとパプリカパウダーをふってみたら、どうにか見えるかな？

お問い合わせ

本書に関するご質問や正誤表については下記のWebサイトをご参照ください。

刊行物Q&A
http://www.shoeisha.co.jp/book/qa/
正誤表
http://www.shoeisha.co.jp/book/errata/

インターネットをご利用でない場合は、FAXまたは郵便にて、下記までお問い合わせください。

〒160-0006 東京都新宿区舟町5
FAX番号 03-5362-3818
宛先 （株）翔泳社 愛読者サービスセンター

電話でのご質問はお受けしておりません。

※本書に掲載された情報は、各著者のInstagram、ブログ掲載時点のものです。情報、URL等は予告なく変更される場合があります。
※本書の出版にあたっては正確な記述につとめましたが、著者や出版社などのいずれも、本書の内容に対してなんらかの保証をするものではありません。
※本書掲載の製品はすべて各著者の私物です。現在入手できないものや、各メーカーの推奨する使用方法ではない場合があります。同様の方法をお試しになる場合は、各メーカーによる注意事項をお確かめの上、自己の責任において行ってください。
※本書に記載されている会社名、製品名はそれぞれ各社の商標および登録商標です。

装丁デザイン	米倉 英弘（細山田デザイン事務所）
DTP制作	杉江 耕平
編集	本田 麻湖

みんなの
お弁当暮らし日記

2017年3月6日　初版第1刷発行

編者	SE編集部
発行人	佐々木 幹夫
発行所	株式会社 翔泳社（http://www.shoeisha.co.jp）
印刷・製本	株式会社 大日本印刷株式会社

©2017 SHOEISHA Co.,Ltd.

●本書は著作権法上の保護を受けています。本書の一部または全部について、株式会社 翔泳社から文書による許諾を得ずに、いかなる方法においても無断で複写、複製することは禁じられています。
●落丁・乱丁はお取り替えいたします。03-5362-3705までご連絡ください。
ISBN978-4-7981-4765-9　Printed in Japan.